课程信息化建设及混合式教学改革与实践

——以"土木工程材料"为例

王 琨 著

中国矿业大学出版社
· 徐州 ·

内容提要

本书以山东交通学院信息化建设、混合式教学改革优秀课程“土木工程材料”为例，系统讲述了课程模块设计、信息化建设具体应用、混合式教学改革等内容，是山东交通学院应用型本科教学改革、课程信息化建设的重要成果。本书内容也可为广大高校教师提供课程建设的思路，供大家借鉴。

本书可供本、专科院校从事课程信息化建设的教师参考使用。

图书在版编目(CIP)数据

课程信息化建设及混合式教学改革与实践：以“土木工程材料”为例/王琨著. —徐州：中国矿业大学出版社，2019.6

ISBN 978-7-5646-4480-2

Ⅰ. ①课… Ⅱ. ①王… Ⅲ. ①高等学校—课程建设—研究②高等学校—教学改革—研究 Ⅳ. ①G642

中国版本图书馆 CIP 数据核字(2019)第 126056 号

书　　名　课程信息化建设及混合式教学改革与实践——以“土木工程材料”为例

著　　者　王　琨

责任编辑　吴学兵

出版发行　中国矿业大学出版社有限责任公司

（江苏省徐州市解放南路　邮编 221008）

营销热线　(0516)83884103　83885105

出版服务　(0516)83995789　83884920

网　　址　http://www.cumtp.com　**E-mail**:cumtpvip@cumtp.com

印　　刷　苏州市古得堡数码印刷有限公司

开　　本　787 mm×1092 mm　1/16　**印张** 9.5　**字数** 186 千字

版次印次　2019 年 6 月第 1 版　2019 年 6 月第 1 次印刷

定　　价　38.00 元

前　言

多年来，很多学者对大学教育、本科教育、教学方式方法和教学改革等方面进行了大量研究，我是一名有20年教龄的高校教师，也虔诚地循着各位前辈的路前行。这个过程中，我也有了自己的一些收获和见解，特别在课程信息化建设和混合式教学方面有了一些自己的体会，想借此机会跟大家分享，也为我们课程组几年来的工作做一个阶段性的总结。

对学生的情感：在高校，无论是年轻的讲师还是知名的教授，首先要做一名合格的教师，要热爱你的学生，热爱你的教学工作。可能部分我的同行对此是不理解的，他们认为科研才是高校教师的工作重点，教学是其次的。但是，“教师”这个职业，顾名思义，首先应该是教书育人。教师，尤其是青年教师必须带着这样一种情感和爱，去了解年轻学生的思想动态，把握他们的学情和学习方法的变化，因人施教、因材施教。

对教学方法的理解：各种方法和理论，我研究得不多、理解也不够深刻，而且不同的专业、不同的课程各有自己的教学特点，我和我的团队只是慢慢地在自己的教学和科研工作中体会、总结和探索。什么是好的方法、什么是经典的教学理论，需要教师个人认真摸索。就单独一门课程而言，教学方法的好坏，最后给出定论的就是学生在校表现及其踏入工作岗位后获得的评价，这需要一段时间的跟踪观测。我愿意为我的课程制定这样一个规划：跟踪调查一下学生在校的学习效果，以及学生毕业入职之后对他们的影响。

书中部分内容参考了其他老师的作品及网络上的一些观点，在此一并表示感谢。感谢山东交通学院教务处同仁给我慕课建设的机会，感谢山东交通学院交通土建工程学院领导给予的支持，感谢道路教研室我的兄弟姐妹们长期给予的关注和关爱。最要感谢的是我亲爱的学生们，谢谢你们！

限于作者水平，书中难免有不当之处，敬请广大读者批评指正。

作　者

2019年3月27日于美国华盛顿州立大学

目　录

第一章　课程慕课信息化与混合式教学改革

为了推动转型发展，提高应用型人才培养质量，以课程信息化建设引导教师转变教学理念，推动教育从以“教”为中心向以“学”为中心转变，从以“管”为主向以“导”为主转变，从以知识传授为主向以能力培养为核心转变，山东交通学院进行了课程信息化建设，同时引进了课程网络教学平台。平台可供教师相互交流学习、师生互动、学生学习。山东交通学院发布了关于网络教学平台的使用说明，并进行了相关培训，积极推进课程信息化建设。同时为了更好地宣传和推广校优秀课程，山东交通学院的各个院系，尤其是交通土建工程学院，投入大量的人力和物力进行了校外公共平台（智慧树等）的慕课课程建设，为建设高水平应用型大学打下了基础。

2015 年 7 月，山东交通学院开始慕课建设的立项工作，2016 年交通土建工程学院也开始课程建设立项，交通土建工程学院截至目前共计完成 20 门课程的慕课建设。笔者的“土木工程材料”课程也有幸获批为校级慕课建设课程，建设周期为 1 年。2015 年 11 月，学校派笔者参加了在山东大学举办的慕课研讨会，教育部有关领导、山东大学本科教育负责人、相关优秀课程的教师代表在会上做了报告，之后笔者又参加了几次相关推广机构的讲座，很多学者和专家现身说法，让笔者茅塞顿开，感觉多年的填鸭式教学找到转变的契机了。从此，笔者开始逐渐学习并了解慕课的相关知识。

第一节　慕课(MOOC)信息化课程的概念

一、MOOC 的定义与发展

慕课是新近涌现出来的一种在线课程开发模式，英文简写为 MOOC。其第一个字母“M”代表 massive（大规模），因为与传统课程只有数十个或数百个学生不同，传统意义上的一门 MOOC 课程动辄上万人，最多达 16 万人；第二个字母“O”代表 open（开放），以兴趣导向为主，凡是想学习的都可以进来学，不分国籍，只需一个邮箱就可注册参与；第三个字母“O”代表 online（在线），表示学习在网上完成，不受时空限制；第四个字母“C”代表 course，就是课程的意思。顾名思义，MOOC是大规模的网络开放课程，它是为了增强知识传播而由具有分享和协作精神的个人组织发布的、散布于互联网上的开放课程。

2007年8月，大卫·怀利在犹他州立大学教授早期的大型开放式网络课程，或称为大型开放式网络课程原型——一个开放给全球有兴趣学习的人来参与的研究生课程。这门课本来只有5名研究生选修，成为开放课程后变成有来自8个国家的50名学生选修。

大规模在线课程掀起的风暴始于2011年秋天，被誉为“印刷术发明以来教育最大的革新”，呈现“未来教育”的曙光。2012年，美国的顶尖大学陆续设立网络学习平台，在网上提供免费课程，Coursera、Udacity、edX三大课程提供商的兴起，给更多学生提供了系统学习的可能。2013年，香港科技大学、北京大学、清华大学、香港中文大学等相继提供网络课程。这意味着，更多国内高校的课堂将通过网络传播到世界各地。2013年2月，新加坡国立大学与美国公司Coursera合作，加入大型开放式网络课程平台。新加坡国立大学是第一所与Coursera达成合作协议的新加坡大学，它2014年先通过该公司平台推出量子物理学和古典音乐创作的课程。2013年8月底，Coursera上首次出现来自台湾大学和香港中文大学的中文课程。2013年5月，中国内地高校走出MOOC第一步，清华大学与北京大学老师把部分课程搬上edX，复旦大学及上海交通大学也在同年7月与Coursera正式签约。

2013年10月10日，清华大学正式推出“学堂在线”平台，面向全球提供在线课程。2014年4月29日，“学堂在线”与edX签约，引进哈佛大学、麻省理工学院、加州伯克利大学、斯坦福大学等世界一流大学的优秀MOOC课程。

根据Coursera的数据，2013年Coursera上注册的中国用户共有13万人，位居全球第九，而这一数据在2014年达到了65万人，增长幅度远超过其他国家。现在每8个新增的学习者中，就有1个人来自中国。Coursera现在也逐步开始和国内的一些企业合作，让更多中国大学的课程出现在Coursera平台上。

MOOC的这种“大范围”是以联通主义理论和网络化学习的开放教育学为基础的。这些课程跟传统的大学课程一样循序渐进地让学生从初学者成长为高级人才。课程的范围不仅涵盖了广泛的科技学科，比如数学、统计学、计算机科学、自然科学和工程学，也包括了社会科学和人文学科。通常，参与MOOC的学习是免费的，然而，如果学习者试图获得某种认证的话，则一些大规模网络开放课程可能收取一定的学费。每门课都有频繁的小测验，有时还有期中和期末考试。

二、MOOC 的主要特点

(1) 工具资源多元化：MOOC 课程整合多种社交网络工具和多种形式的数字化资源，形成多元化的学习工具和丰富的课程资源。

(2) 课程易于使用：突破传统课程时间、空间的限制。

(3) 课程受众面广：突破传统课程人数限制，能够满足大规模课程学习者学习。

(4) 课程参与自主性：MOOC 课程具有较高的入学率，同时也具有较高的辍学率，这就需要学习者具有较强的自主学习能力，才能按时完成课程学习内容。

三、MOOC 的课程影响

国际上 Coursera、Udacity、edX 三大课程提供商的兴起，给更多学生提供了系统学习的可能。这三个平台的课程全部针对高等教育，并且像真正的大学一样，有一套自己的学习和管理系统，而且它们的课程基本都是免费的。

国外的开放课程几乎都是在本校内受欢迎的课程，教授也几乎都是在本领域颇有建树的专家。据了解，耶鲁大学每门开放课的制作费高达三四万美元，麻省理工学院每门开放课的制作费也需两万美元。斯坦福大学校长约翰·L. 汉尼希在最近的一篇评论文章中解释说："由学界大师在堂授课的小班课程依然保持其高水准，但与此同时，网络课程也被证明是一种高效的学习方式。如果和大课相比的话，更是如此。"

大型开放式网络课程成功实现了一种高端的知识交换。它适用于专家培训、各学科间的交流学习以及特别教育的学习模式，任何学习类型的信息都可以通过网络传播。网络课堂可以给学习者带来很多益处，让每个人都能免费获取来自名牌大学的资源，可以在任何地方、任何时间进行学习，这便是 MOOC 的价值所在。

目前在 MOOC 上学习的大部分是那些学习很主动的人，他们会想办法看到这些视频、看英文字幕，但要是想让更多人进入，还需要一定的时间和努力。上一次教育革命是发生在学徒制和学校教育中间的一个转折点。学徒制本身是一种个性化的教育，但学校教育很难保证个性化。现在美国很流行在家教育，中国也有一部分人退学，在家靠父母或用其他形式接受教育，这是多元化教育的一种方式。而在互联网上，实现个性化教育成为一种可能。

MOOC的到来重新定义了学校，重新定义了老师，甚至重新定义了学生。比方说，过去的老师最重要的工作就是讲课，但是现在有别的老师在网上讲，线下的老师可能就要更加关注学生个性化的发展，师生间的沟通也变得更为重要。

第二节　SPOC信息化课程的概念

一、SPOC的定义及特点

就我国目前的情况来看，推广课程信息化建设势在必行，但是在推广过程中也遇到了实际问题，有些课程全部做到真正意义上的MOOC是很难的。因为每个学校的学生考核和管理方式不同，即使是相同的课，其侧重点不同，培养目标不同，使得对同一门课程的具体要求也不同，所以大范围应用的MOOC不能充分满足某个学校或者某个专业的具体要求。很多老师想用MOOC这个方式进行教学改革，或者达成教学目标，实际操作时有一定的难度，所以有关会议和讨论中，大家一致认为当前阶段主要任务还是以SPOC的模式来实现MOOC的教学改革。我们现在很多MOOC其实是SPOC，是小范围内使用的。

SPOC（small private online course，小规模限制性在线课程）这个概念是由加州大学伯克利分校的阿曼德·福克斯教授最早提出和使用的。small和private是分别相对于MOOC中的massive和open而言的，small是指学生规模一般在数十人到数百人，private是指对学生设置限制性准入条件，达到要求的申请者才能被纳入SPOC课程。

当前的SPOC教学案例，主要是针对校园内的大学生和其他高校学生两类学习者进行设置的。前者是一种结合了课堂教学与在线教学的混合学习模式，是在大学校园课堂，采用MOOC的讲座视频（或同时采用其在线评价等功能），实施翻转课堂教学。其基本流程是：教师把这些视频材料当作家庭作业布置给学生，然后在实体课堂教学中回答学生的问题，了解学生已经吸收了哪些知识，哪些还没有被吸收，在课上与学生一起处理作业或其他任务。总体上，教师可以根据自己的偏好和学生的需求，自由设置和调控课程的进度、节奏和评分系统。后者是根据设定的申请条件，入选者必须保证学习时间和学习强度，参与在线讨论，完成规定的作业和考试等，通过者将获得课程完成证书。

案例——美国加州大学伯克利分校的 SPOC 实验及推广

“软件工程”是加州大学伯克利分校的品牌课程，由福克斯教授在 edX 平台开设，同时以 SPOC 模式提供给伯克利校园的学生。这门 SPOC 课程的关键特色是其自动评分功能。学生提交完整的编程作业或在云端配置完整的应用程序，马上就能得到详细的评分结果和细致的反馈信息。此外，自动评分功能允许学生多次提交作业，在获得更高分的同时，也提高了他们对知识和技能的掌握程度。

由于成效显著，2013 年春季，福克斯团队将其 SPOC 模式迁移至其他 4 所大学。对 4 名授课教师的调查显示，所有教师在上课之前都观看了伯克利的 SPOC 视频，3 位教师使用了 SPOC 测试题，2 位教师使用了 SPOC 自动评分作业，1 位教师翻转了课堂，让学生课下观看 SPOC 视频，课上进行讨论。

一个学期之后，4 所大学的 SPOC 课程都取得明显的成效：

(1) 自动评分功能减轻了教师的负担。

(2) 课程讲座视频的信息量丰富、密集，学生可以暂停、回顾任何一个知识点，因此是一种非常高效的信息传递方式。

(3) 学生对自己能接触到软件工程的最新技术和最前沿的开发方法感到兴奋。

(4) 该课程给优秀学生带来其他课堂所没有的挑战。

(5) 学生（通过讲座视频）接受到世界一流的教学，并且迎接来自伯克利顶级计算机科学计划所提供的同样课程的挑战。

案例——美国“科罗拉多州立大学-全球校园”的微型 SPOC 实验

科罗拉多州立大学-全球校园（Colorado State University-Global Campus，简称 CSU-GC）最近 5 年一直在实践更小型的 SPOC。CSU-GC 曾受邀为某跨国建筑公司的经理等领导层设计领导力培训项目，它根据公司的特殊需求设计课程，把学员规模限制在 17～20 人。培训结束后，学员可以同时获得领导力证书和大学学分。此外，CSU-GC 还为美国最大的天然气生产和营销公司各分公司的员工提供商业管理学士学位课程，一家国际大学在其学位计划中也使用了 CSU-GC 的课程。

除上述案例外，Coursera 的几个大学合作伙伴，如杜克大学和范德堡大学，已经采用了不同形式的混合学习。2013 年 4 月，斯坦福大学启动的 NovoED 平台，除提供 MOOC 课程外，也提供了斯坦福大学高管教育课程（Stanford executive education programmes）等 SPOC 课程。

二、SPOC 的优势与展望

通过 SPOC 教学案例的分析，我们发现，SPOC 至少在以下两个方面具有 MOOC 无法比拟的优势。

1. SPOC 重新定义了教师的作用，创新了教学模式

与 MOOC 使教师有机会服务于全球，在专业领域扬名立万不同，SPOC 让教师更多地回归校园，回归小型在线课堂。课前，教师是课程资源的学习者和整合者。他们不必是讲座视频中的主角，也不必准备每节课程的讲座，但是要能够根据学生需求整合各种线上和实体资源。课堂上，教师是指导者和促进者，他们组织学生分组研讨，随时为他们提供个别化指导，共同解决遇到的难题。SPOC 创新了课堂教学模式，激发了教师的教学热情和课堂活力。

在大学的 SPOC 课程中，教师们参与这种教学方式的动机主要是对现有的教材和教法不满意，他们更有兴趣尝试更加灵活和富有挑战性的教学方法而不是按部就班地授课。SPOC 的自动评分功能解放了教师从事重复性活动（例如创建、教授那些没有多少变化的讲座视频内容）的时间，使他们能够腾出空来，集中精力从事具有较高价值的活动。在这种模式下，MOOC 的讲座视频及其他组成部分，更多地被视为教学资源——21 世纪的新型“教科书”，MOOC 成为知识的绝佳保存和传播方式。调查发现，10％的 MOOC 学习者本身就是教师，也就是说 MOOC 实际上在“教”教师，因为这些教师希望将平台的课程资料整合进他们的实体课堂，这是建构主义对知识和学习的贡献。对于在大学实施 SPOC，这无疑是非常有利的因素。

2. SPOC 更加强调学生完整、深入的学习体验，有利于提高课程的完成率

通过限定课程的准入条件和学生规模，SPOC 能够为这些经过特别挑选的学生定制课程，为他们提供有区别的、力度更大的专业支持，可以增进学生对课程的完整体验，让证书的获得更为容易。SPOC 实验进一步显示，相比传统课堂，SPOC 使用的视频比指定的阅读材料更能吸引学生认真准备，提高其参与度，对那些学习动机不足的学生而言，尤其如此。比起纯 MOOC，SPOC 使得在线学习超出了复制教室课程的阶段，产生了更为有效的学习效果。SPOC 模式充分利用了 MOOC 的重要特征，包括获得高质量

的课程材料并且通过自动评分迅速反馈给学生，最大限度地使稀缺资源发挥效力。

第三节　课程信息化背景下的混合式教学改革

一、混合式教学的定义

混合式学习(blended learning)是随着对网络学习(e-learning)的反思和传统课堂学习的回归而逐渐被关注的一种学习策略和学习理念。混合式学习是指以教学目标为导向，在多种学习理论指导下，根据学习内容、学习者及教师自身条件，混合“面对面教学”、“网络学习”和“实践”三种方式来实施教学的一种策略。它将面对面教学和网络学习进行了有效整合，并将其综合利用，从而达到降低成本、提高效益的目的。

二、混合式教学的特征

混合式教学，应该具有如下几个方面的特征：

(1) 这种教学方式从外在表现形式上看是采用“线上”和“线下”两种途径开展教学的。

(2) “线上”的教学不是整个教学活动的辅助或者锦上添花，而是教学的必备活动。

(3) “线下”的教学不是传统课堂教学活动的照搬，而是基于“线上”的前期学习成果而开展的更加深入的教学活动。

(4) 混合式教学改革没有统一的模式，但是有统一的追求，那就是要充分发挥“线上”和“线下”两种教学的优势改造我们的传统教学，改变我们在课堂教学过程中过分使用讲授而导致学生学习主动性不高、认知参与度不足、不同学生的学习结果差异过大等问题。

(5) 混合式教学改革会重构传统课堂教学，因为这种教学把传统教学的时间和空间都进行了扩展，“教”和“学”不一定都要在同一的时间、同一的地点发生，在线教学平台的核心价值就是拓展了教和学的时间和空间。

在线教学思路和课堂教学思路可分别见图 1.1 和图 1.2。这两种方法的特点与混合式教学法的对比可见表 1.1，通过对比，可以明显地看到，较之传统的面对面教授法，混合式教学具有明显的优势：一是面对面教学手段的使用减轻了网络学习中学生可能存在的孤独感和认同感，加强了师生关系；二是网络教学手段的使用减少了课堂教学时间，让学生可以有更多的时间去访问所需资源，灵活性强；三是教学资源得到了更有效充分的使用；四是解决了评估难的问题；五是因为可以使用更多积极有效的技术手段来促进教学，提高了教学效果。

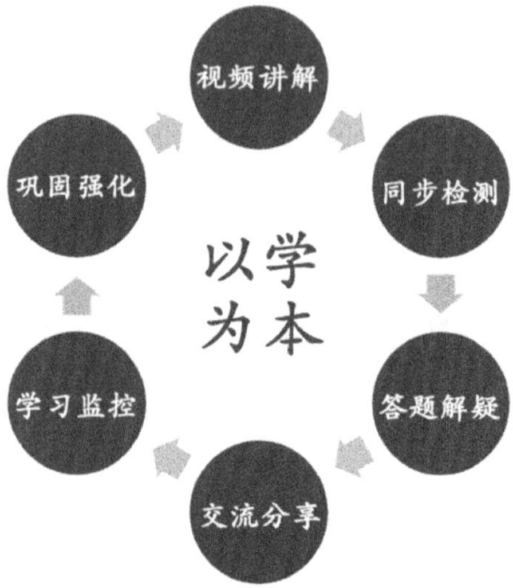

图 1.1　在线教学思路

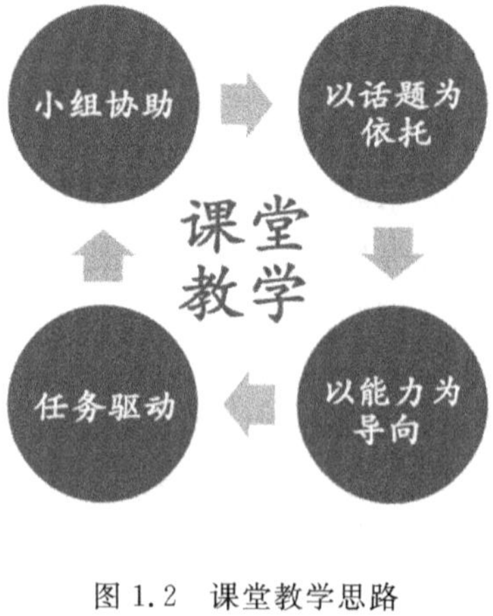

图 1.2　课堂教学思路

表 1.1　三种教学方法的对比

项目	传统教学	基于信息技术环境下的教学	混合式学习——整合对接下的优势互补
1	教师主宰课堂教学，以“教”为主	学生自主学习，以“学”为主	学生主体与教师主导和谐统一。以“学”为主，“学”与“教”兼顾，保证学生学习顺利进行
2	以知识教学为主	以培养学习能力为主	既重知识学习，更重能力培养，实现知识、能力并举，发展学习能力
3	强调学习系统扎实的基础知识	强调自主选择学习内容	既可保证自由选择学习内容，又能保证获得系统扎实的基础知识，实现因材施教、发展个性化
4	抽象文字概念的“填灌式”教学	形象具体的“情境式”与“启发式”学习	真实情境与虚拟仿真情境的启发式学习，实现图文并茂、形象与抽象并重的学习过程
5	学生被动接受	学生自主参与互动学习	接受式学习和参与互动式学习兼有，全面实现学生的自主学习与协作互动
6	以学习书本知识为主要内容的“封闭式”教学	以学习网络资源为主要内容的“开放式”学习	书本知识学习、课堂集中学习、网络资源学习与社会实践学习相互配合、有机统一
7	多媒体网络技术单纯作为“辅教”或“辅学”工具	多媒体网络技术作为认知工具、信息加工与信息表达工具和协作交互工具	多媒体网络技术构成网络环境，既作为教师的教学工具，更是学生的认知工具、信息加工与表达工具、协作交互工具等
8	师生面对面教学	人机交互与师生、生生交互	既可以通过网络环境实现多向性互动，又保证了师师面对面的情感交流与人文精神体验

三、混合式教学改革的具体做法

开展混合式教学的最终目的不是去使用在线平台，不是去建设数字化的教学资源，而是有效提升绝大部分学生学习的深度。总之一句话，我们应该努力依据学习和教学的规律去实现提升学生学习深度的目标。

学习和教学的基本规律有以下四条：第一，学习是学习者主动参与的过程;第二,学习是循序渐进的经验积累过程;第三,不同类型的学习其过程和条件是不同的;第四,对于学习而言,教学就是学习的外部条件,有效的教学一定是依据学习的规律对学习者给予及时、准确的外部支持的活动。

混合式教学改革没有统一的模式,常见模式可见图 1.3。但是如果要依据上面四条学习和教学的一般规律,充分发挥线上和线下两种形式教学的优势,需要做到以下三个方面。

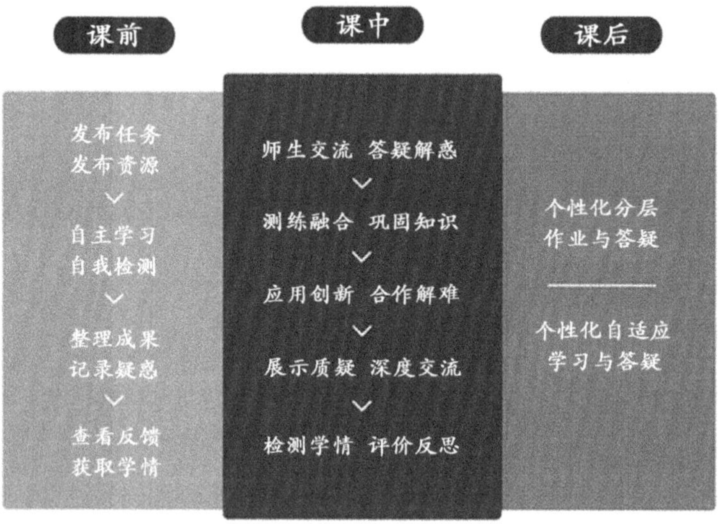

图 1.3　混合式教学常见模式

1. 线上资源的建设要满足授课需要

毫无疑问,对于线上资源建设,非信息技术相关学科的教师是经常存在困难的,但是这种困难并非不可克服,因为我们倡导的教学资源并非要多么高端大气上档次,简单的屏幕录制加讲授即可。剩下的问题不是技术问题,更多的是时间投入的问题。因为其中需要对以前的课件进行一些修改,需要进行课程知识点的分解,需要录制和编辑微视频,需要给知识点设定学习目标并开发一些配套的练习题目等。

有线上资源是开展混合式教学的前提,因为我们倡导的混合式教学就是希望把传统的课堂讲授通过微视频上线的形式进行前移,给予学生充分的学习时间,尽可能让每个学生都带着较好的知识基础走进教室,从而充分保障课堂教学的质量。在课堂上的讲授部分仅仅针对重点、难点,或者同学们在线学习过程中反馈回来的共性问题。

2. 线下有活动，活动要能够检验、巩固、转化线上知识的学习

通过在线学习让学生掌握基本知识点，在线下，经过老师的查缺补漏、重点突破之后，剩下的就是通过精心设计的课堂教学活动，组织学生们把在线所学到的基础知识进行巩固与灵活应用。

3. 过程有评估，线上和线下、过程和结果都需要开展评估

无论是线上还是线下都需要给予学生及时的学习反馈，基于在线教学平台或者其他 MOOC 程序开展在线测试是反馈学生学习效果的重要手段。通过这些反馈，让教学的活动更加具有针对性，不但让学生学得明明白白，也让教师教得明明白白。当然，如果我们把这些小测试的结果作为过程性评价的重要依据，这些测试活动还会具有学习激励的功能。其实，学习这件事既要关注过程也要关注结果，甚至我们应该对过程给予更多的关注，毕竟扎扎实实的过程才是最可靠的评价依据。

"土木工程材料"课程就是在智慧树平台上，根据应用型本科课程建设要求，结合 MOOC 信息化建设要求的特点而制作的，适合广大本科院校相关专业学生的学习。我们在 MOOC 信息化建设中，结合课堂教学改革，实现了混合式教学改革的目标，取得了一定的效果。基于翻转课堂的混合教学模式，突出了学生的主体地位，引导学生自主学习。在教学设计上重构知识与技能，打造实用的教学内容，体现"做中学"和"学中做"的教学理念。利用课程平台开展"线上线下"教学，打破教学时间和地点的局限性，实现教师、企业工程师、学生的实时互动，能够多元化阶段性考核学生学习情况。通过对 2016、2017 级学生学习效果的分析，发现合理利用信息化教学手段后，充分激发了学生的学习兴趣，提高了教学效率，增强了教学效果，学生满意度高。

第二章 “土木工程材料”信息化建设实践与教学改革

第一节 “土木工程材料”课程简介及总体说明

一、“土木工程材料”课程简介

1. 课程特点

“土木工程材料”是土木类专业的一门专业必修课，是一门实践性很强的专业课程，通过本课程的学习，使学生在了解土木工程材料的工程应用、性能要求的同时，牢固掌握基本理论和基本知识，培养学生应用材料知识解决实际工程问题的能力，并为后续专业课程学习以及成为创新能力强、具有持续学习能力的高质量土木工程技术人才奠定坚实的基础。

2. 课程教学理念

“土木工程材料”是以各种土木工程(建筑工程、道路工程、桥梁工程、港口工程、地下空间、铁路工程、水利工程等)建设中所涉及的主要原材料的性能、相关组配设计、检测技术为主的一门课程，内容包括建筑钢材、砂石材料、石灰水泥、水泥混凝土、无机结合料稳定材料、沥青和沥青混合料等原材料及复合材料的组成、结构、性能及检测方法、评价指标和标准等。通过本课程学习，使学生能够掌握工程中对土木工程材料的性能要求、性能影响因素、其组成或配合比设计、检测方法、评价指标和技术标准，从而保证工程结构的质量和性能。(MOOC线上课程的封面及基本结构见图2.1和图2.2)

通过“土木工程材料”课程的学习，可以保证学生的实际动手能力和工程综合能力的培养，并将线上、面授教学的理论知识与实验课程教学中的各个环节结合起来使这种能力得到夯实与提升。在保证课程教学基本要求的前提下，引导教师和学生重视综合训练，加大学生应用创新能力的培养。

学生能够结合国家现行的标准、规范和规程对材料进行实验检测，在工程实践中能够正确选择和合理使用材料，为后续专业课学习提供土木工程材料的有关知识，同时培养学生的实验检测操作能力。学习结束后，应掌握节约材

图 2.1 “土木工程材料”MOOC 线上课程封面

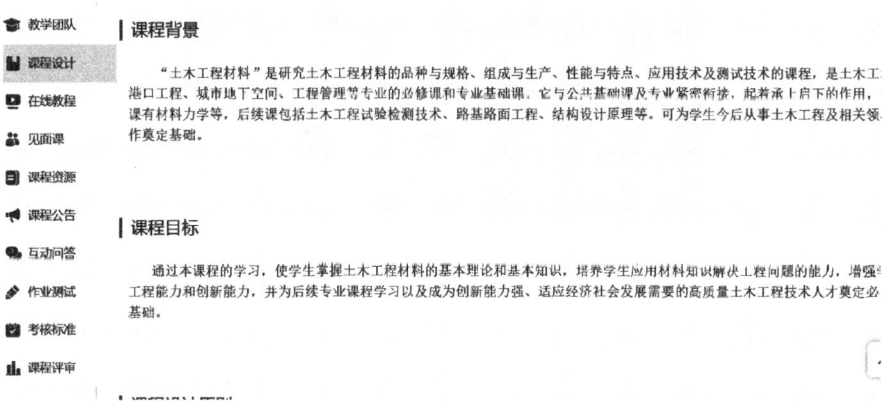

图 2.2 “土木工程材料”MOOC 线上课程基本结构

料的原则和改善材料性能的方法，并可以结合工程设计和施工工艺特点选择合适的土木工程材料，同时掌握土木工程材料的发展方向。

3. 课程性质与定位

“土木工程材料”是介绍土木工程材料的工程应用、功能需求、种类与规格、性能与组成、实验检测技术的课程，是土木工程、建筑工程、港口工程、城市地下空间、水利工程、桥梁工程、工程管理等土建类相关专业的必修课和专业基础课。它与公共基础课及专业课紧密衔接，先行课有材料力学等，后续课包括结构设计原理、土木工程实验检测技术、路基路面工程、桥梁工程等，使学生掌握材料选择方法，能够理解材料性能与工程设计及施工环节的相互关系。

(MOOC 线上课程的介绍见图 2.3)

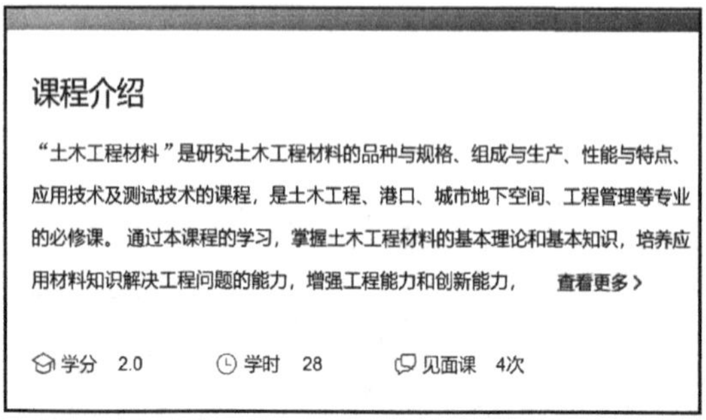

图 2.3 “土木工程材料”MOOC 线上课程介绍

4. 课程教学目标

(1) 知识目标

① 掌握土木工程主要材料的组成结构及其物理、化学、力学、工艺性能的基本理论；

② 掌握土木工程主要材料的工程技术性质；

③ 掌握土木工程用复合材料的组成设计及强度理论；

④ 掌握土木工程主要材料的基本实验检测方法和数据处理方法；

⑤ 熟悉各种土木工程材料的工程应用特点；

⑥ 熟悉土木工程主要材料的有关技术标准；

⑦ 了解新型土木工程材料的发展方向、技术要求及其应用。

(2) 专业能力目标

① 能够根据不同的工程环境选择和使用适宜的土木工程材料；

② 具备正确完成水泥混凝土、沥青混合料配合比设计计算的能力；

③ 具备分析和判断材料实验检测结果的能力，并能提出材料改善的方案和措施；

④ 具备较快熟悉新型材料性质及应用的能力。

(3) 社会能力目标

① 培养吃苦耐劳、适应艰苦工作环境的执业能力；

② 具备工程基本理论和知识，注重理论联系实际，具有一定创新意识；

③ 培养诚实守信和爱岗敬业的职业道德。（课程实训场景见图 2.4）

图 2.4 “土木工程材料”课程实训场景

5. 课程基本教学方法

“土木工程材料”课程顺应科学技术发展和经济社会发展的需要，强调土木工程材料基本知识及工程实践能力的应用型教育培养，采用理论与实验“双课并重”、线上课程与线下课程“结合翻转”的方法开展教学活动。

具体教学方法如下：

(1) MOOC 教学

采用网络信息化教学,学习打破了传统教学在时间和空间上的限制,可使学生在任何时间、任何地点,通过网络进行自主学习。(手机客户端及 PC 客户端见图 2.5 和图 2.6)

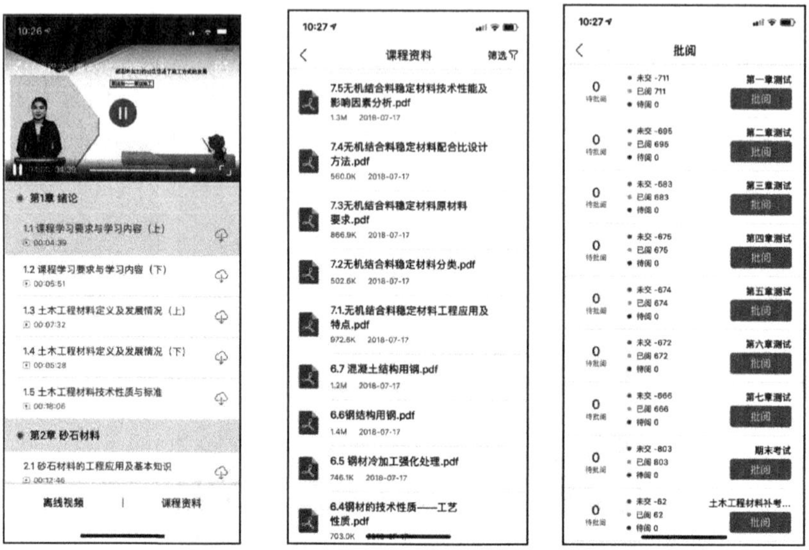

图 2.5 “土木工程材料”手机客户端学习界面

图 2.6 “土木工程材料”MOOC 课程线上页面

(2) 多媒体教学

采用色彩鲜明、图文并茂、内容精炼、结构科学的 PPT 课件为主,同时辅以直观形象的视频与动画的多媒体教学手段。将课件和视频相结合,尤其与工程实践现场案例结合，一体化推进课堂教学和实验教学。

(3) 实验教学

实验教学采用最新的行业技术规范，以实验课堂教授及网络视频教学为主，教辅资料为教师自己编写的适合土木类相关专业的指导书，各个高校的校内学生分组实验并完成实验报告。(实验教学现场见图 2.7)

图 2.7 “土木工程材料”实验教学现场

6. 课程教学结构

课程教学结构见表 2.1。

表 2.1 课程教学结构

单元号	章节	知识点
单元一	绪论	知识点 1:土木工程材料学习要求、土木工程材料定义与发展
		知识点 2:土木工程材料技术性质与标准

表 2.1(续)

单元号	章节	知识点
单元二	砂石材料	知识点 3:砂石材料的工程应用及基本知识
		知识点 4:石料与集料的技术性质
		知识点 5:矿质混合料
		知识点 6:★实验——细集料表观密度实验、堆积密度实验
		知识点 7:★实验——细集料筛分实验
单元三	石灰与水泥	知识点 8:石灰与水泥的工程应用、石灰
		知识点 9:硅酸盐水泥的生产与组成
		知识点 10:硅酸盐水泥的技术性质与标准
		知识点 11:★实验——水泥实验(水泥标准稠度用水量、凝结时间、安定性检验方法)
单元四	水泥混凝土	知识点 12:水泥混凝土工程应用与工作性能
		知识点 13:影响混凝土性能的因素与改进措施
		知识点 14:硬化后混凝土的力学性能及检测方法
		知识点 15:水泥混凝土配合比设计方法
		知识点 16:水泥混凝土配合比设计案例分析
		知识点 17:★实验——混凝土抗压强度实验、混凝土坍落度实验
单元五	沥青与沥青混合料	知识点 18:沥青与沥青混合料的工程应用
		知识点 19:沥青的三大指标及气候分区
		知识点 20:沥青混合料的技术性质与技术标准
		知识点 21:热拌沥青混合料配合比设计
		知识点 22:★实验——沥青针入度实验
		知识点 23:★实验——沥青延度实验、沥青软化点实验
		知识点 24:★实验——沥青混合料马歇尔实验
单元六	建筑钢材	知识点 25:钢材的工程应用与分类
		知识点 26:建筑钢材的技术性质
		知识点 27:钢材的冷加工
		知识点 28:钢结构用钢、混凝土结构用钢
		知识点 29:★实验——钢筋原材拉伸、弯曲实验方法
单元七	无机结合料稳定材料	知识点 30:无机结合料稳定材料工程应用与分类
		知识点 31:无机结合料稳定材料组成材料及技术性质
		知识点 32:无机结合料稳定材料配合比设计

二、“土木工程材料”课程教学大纲

1. 课程名称

土木工程材料。

2. 课程性质和任务

（1）课程性质

“土木工程材料”是土木工程相关专业的一门专业基础课，是主干课程之一。

（2）课程任务

本课程主要讲授土木工程材料的基本知识和原理，要求全面掌握土木工程材料的结构组成、技术性质及其之间的关系，掌握材料的实验方法、技术标准，以及混合材料的组配设计方法。通过本课程的学习，为后续学习土木工程专业课程打下牢固的基础。

3. 课程主要教学要求

（1）单元一：绪论

① 理解土木工程材料的定义；

② 掌握土木工程材料的基本性质；

③ 全面认识土木工程材料与土木工程发展直接的关系。

通过本单元的学习，了解本课程的学习内容，明确本课程在专业、教学中的重要性及对专业课学习的指导性，知道材料发展和土木工程发展之间的关系，明确土木工程材料的基本性质。

（2）单元二：砂石材料

① 明确石料的物理性质、力学性质及路用石料技术分级的依据和技术标准；

② 全面认识集料的物理性质、力学性质和化学性质；

③ 充分理解矿质混合料的级配理论，能够绘制级配曲线；

④ 具备结合技术标准和实验规程对集料的基本技术性质及级配情况进行评定的能力；

⑤ 具备对矿质混合料进行组成设计的能力；

⑥ 能够熟练使用矿质混合料组成设计软件。

通过本单元的学习，掌握土木工程用石料的技术特点和实验检测方法，能够对集料进行相关实验，能够对工程所需的矿质混合料进行组成设计，并可以熟练使用设计软件。

(3) 单元三:石灰和水泥

① 全面认识石灰和水泥的工程应用、生产工艺、水泥的水化理论;

② 全面掌握石灰和水泥的各项技术性质,理解石灰和水泥的技术标准,明确石灰和水泥的技术指标对材料和工程质量的影响;

③ 全面认识硅酸盐水泥的矿物成分和各矿物成分的特性;

④ 全面认识硅酸盐水泥的凝结和硬化的机理、石灰的消解硬化机理;

⑤ 具备根据工程类型、工程特点和工程环境选择合适品种的水泥的能力;

⑥ 具备结合技术标准和实验规程对水泥的强度、凝结时间等基本性质进行检测评定的能力。

通过本单元的学习,学生能掌握石灰和水泥的生产、运输、保存、工程应用和技术特点,具备根据工程实际情况对水泥品种进行选择的能力,具备根据现行技术标准和规范对水泥进行性能检测和评定的能力。

(4) 单元四:水泥混凝土

① 明确混凝土在土木工程中的应用;

② 全面认识新拌水泥混凝土工作性的工程实践意义;

③ 结合影响混凝土工作性的因素,具备调整和改善混凝土工作性的能力;

④ 明确水泥混凝土组成材料的技术要求、混凝土强度的形成机理,掌握硬化后混凝土应该具备的各项技术性质及影响因素;

⑤ 具备能改善混凝土技术性质指标的能力;

⑥ 具备通过技术标准和实验规程对新拌混凝土的工作性、硬化后混凝土的技术性质进行检测和评定的能力;

⑦ 能够进行普通混凝土配合比设计;

⑧ 了解常用的混凝土外加剂。

通过本单元的学习,学生应熟悉混凝土的组成,能够对新拌混凝土的工作性进行评定和调整,能够对硬化后的混凝土进行质量控制和评定。具备依据工程环境和结构物的具体要求选择合适类型的混凝土,并完成配合比设计的能力。

(5) 单元五:沥青与沥青混合料

① 知道石油沥青的生产工艺;

② 知道石油沥青的组成和胶体结构的类型;

③ 明确石油沥青的技术性质和技术标准;

④ 具备结合标准和实验规程对石油沥青基本性质进行检测和评定的能力;

⑤ 明确工程中常用的其他类型沥青的技术特点；

⑥ 明确沥青混合料的组成结构类型、强度形成原理以及技术性质和技术标准；

⑦ 具备根据标准和规程进行沥青混合料马歇尔实验操作和实验数据处理能力；

⑧ 具备沥青混合料配合比设计的能力；

⑨ 能够根据不同的工程类型、工程环境，选择不同类型的沥青混合料。

通过本单元的学习，应全面掌握沥青和沥青混合料的技术性质特点、结构类型，并对两者进行基本性质的检测，能够对沥青混合料进行配合比设计，具备根据不同的工程类型和环境选择沥青型号和混合料种类的能力。

(6) 单元六：建筑钢材

① 全面认识建筑钢材所具有的技术性质；

② 具备依据相关要素判定施工现场的钢材类型及其技术指标的能力；

③ 能按照土木工程的设计要求合理选用相应的钢材；

④ 具备结合技术标准和实验规程对钢材的基本技术性质进行检测和评定的能力。

通过本单元的学习，掌握钢材应具有的技术性质及国家和行业现行的技术标准要求，能对施工现场的钢材类型和技术指标进行快速的识别，并能熟练掌握其性能检测的方法。

(7) 单元七：无机结合料稳定材料

① 全面认识无机结合料稳定材料的分类、技术性质；

② 能按照行业规范要求进行配合比设计。

通过本单元的学习，了解无机结合料稳定材料的分类方法，理解无机结合料稳定材料对其组成材料的技术要求，掌握无机结合料稳定材料的技术性质和配合比设计方法。

4. 课程基本要求及重点、难点说明

(1) 基本要求

掌握土木工程材料的基本概念、基本理论和实验方法；牢固掌握土木工程材料的技术性质、技术标准，以及常用混合材料的组配设计方法。通过学习，要求学生具备合理选择材料、能够对材料的性能进行检测与评价，并能将原材料组配成优质的复合材料的工程应用能力。

(2) 重点内容

土木工程原材料的技术性质、技术要求；土木工程混合材料的组成、性质、基本理论和组配设计方法。

（3）难点内容

该课程的难点为土木工程材料组成结构与性能之间的关系，原材料与混合材料之间的关系，材料实验与应用之间的关系。

5. 使用教材（见图 2.8）及参考资料

CHAPTER 1

1.1 Material Science and Engineering

A material is defined as a substance or thing from which something else can be made. Cloth, cement, sugar, brick, aluminum, soil, and water are all examples of materials. In engineering, materials are employed to design and build structures, elements, or products. The subject of materials science examines the whys and hows of materials, making it possible to advance the development of new materials. The term material engineering refers to the understanding and review of properties and uses of materials commonly used in engineering.

Civil engineering is a professional engineering discipline that deals with the design, construction and maintenance of public works of structures, elements or products, including works such as bridges, roads, canals, dams and buildings. Their construction may be under or above ground, offshore or inland, over mile-deep valleys or flat terrains, and upon rocky mountains or clayey soils. It takes place on all levels: in the public sector from municipal through to federal levels, and in the private sector from individual homeowners through to international companies. At the core of civil engineering rests the investigation of materials and methods that can satisfy the needs of the community. For instance, shelter is provided for housing; dwellings are in accordance with a method that is appropriate for the material selected, the method of construction changing with the material. So civil engineers are responsible for the selection, specification, and quality control of materials to be used in job.

All various building substances or their products utilized in civil engineering are called civil engineering materials. The basic materials mainly used in civil engineering applications or in construction projects are:

图 2.8 “土木工程材料”教材及其英文部分

使用教材：选用王琨主编的《土木工程材料》(双语)，人民交通出版社出版。

参考资料有：张爱勤主编的《土木工程材料》，人民交通出版社出版；苏达根主编的《土木工程材料》，高等教育出版社出版；黄晓明等编著的《土木工程材料》，东南大学出版社出版；陈雅福主编的《土木工程材料》，华南理工大学出版社出版；严家伋编著的《道路建筑材料》，人民交通出版社出版；等等。

6. 其他补充说明及要求

(1) 教材编写时采用最新的实验规程、技术规范和标准，在使用过程中，如国家标准和行业标准对实验方法、设计方法、技术标准等进行了修订，要求教师在执行教学任务中予以更新。

(2) 本课程理论教学必须与实验教学紧密结合，可以采用多媒体教学与现场教学相结合等教学手段。

第二节 “土木工程材料”课程 MOOC 信息化建设结构

一、结构说明

“土木工程材料”课程编号 070108，课时总量为 48 课时(包括 12 实验课时和 36 理论课时)。MOOC 线上课程结构图见图 2.9。

“土木工程材料”课程采用混合式课堂的教学模式。线上课程已在“山东省高校共享课程联盟平台”“中国大学专业共享联盟”上线，并入选智慧树 2019 春季全国推广课程，已经连续进行了 3 轮选课。

二、功能与使用说明

1. 课程功能

“土木工程材料”是土木类及相关专业的一门专业必修课，适用专业包括：① 土木工程；② 港口航道与海岸工程；③ 工程管理；④ 城市地下空间工程；⑤ 道路桥梁工程技术；⑥ 物流工程；⑦ 建筑工程管理(国际教育学院)；⑧ 工程管理；⑨ 交通工程等。

2. 线上 MOOC 制作说明

① 内容：通过“理论讲解”与“实验讲解”相结合的线上线下的课程创新，使课程内涵更丰富。

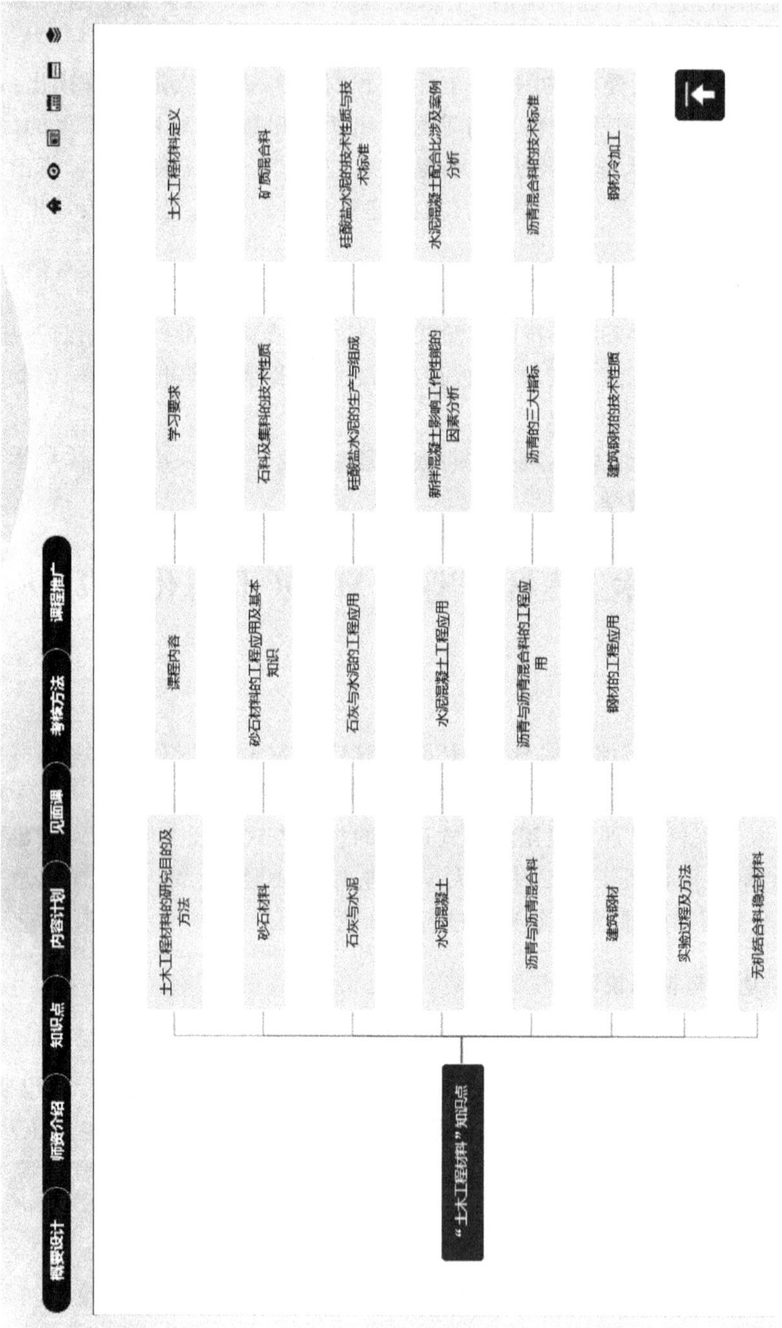

图2.9 "土木工程材料"MOOC线上课程结构图

② 教法:通过网络组织教学和高效见面互动,使课程学习更适合学生特质。

③ 模式:通过教师和助教团队组织在线课、讨论课、答疑课,促进学生的思辨能力、协作能力、表达能力,提高每个学生个体的能力和素质。

④ 制作:课程制作紧扣相关教学大纲的要求进行,视频画面细致,课件简洁,内容丰富,实验视频画面布局合理,学生易学易懂。

3. 使用说明(网上视频课程)

通过智慧树在线课程平台上线,建设有图 2.10 所示模块。

教师端:

学生端:

图 2.10 智慧树建课模块及应用 App

学生学习流程:

① 进入学生端后,点击“开始学习/继续学习”即可开始进阶式教程的学习,每个章节的课程视频可重复观看,便于学透知识点。

② 只有图标变成绿色箭头才会视为完成观看,得到分数。

③ 视频不可拖动或加速观看,否则系统将无法记录观看进度或影响成绩;某些章节会跳出弹题框,作答后才可以继续观看视频。

④ 每个章节看完后直接点击“章节测试”完成测试,也可以点击“作业考试”查看和完成章节测试。

⑤ 点击“见面课”可以查看每次见面课的直播时间,及时观看或回放。

⑥ 点击“作业考试”拖至最后可查看期末考试。

⑦ 在规定时间内完成视频观看、章节测试和见面课部分的学习后,在考试开放时间内完成期末考试,期末考试一旦开始,观看视频、章节测试将不再记录进度计入成绩。

⑧ 点击"学习分析"可查阅自己具体的学习情况,包括排名、成绩规则、目前成绩等信息。

第三节　基于课程信息化建设的混合式教学改革

一、课程信息化建设的想法

1. 借课程信息化建设的机会,提升课程质量

课程质量是大学安身立命之本。

接受 MOOC 的学习者很多,完全超出我们过去所能想象的数量。同时要让大多数学习者满意,承认我们推出的课是好课,这对教师、高校都是很大的挑战,对于推动大学提供优质课程起到了很大作用。

2. 借课程信息化建设的机会,探索大学教学模式创新

目前高校教师教学理念基本上还停留在传统的传授式阶段。教师在讲台上讲,学生在讲台下听,这种教学模式一直饱受诟病,但却因如惯性等因素的存在,一时无法改变。课程信息化建设是一个改变传统教学模式的契机。大学应当顺应信息时代发展的趋势和潮流,积极探索将在线学习、混合学习以及翻转课堂之类的创新性教学模式有机融合到课堂教学和人才培养中去。

二、对课程信息化建设的基本要求

MOOC 最基本的要求有两点:第一,它是优质资源;第二,通过信息化手段来实现。所有的课程都应该在系统中,让学生能够自主学习。这种学习不是简单照搬课堂上的视频,而是要根据知识点、学习进程、教学策略进行学习,一方面让学生能按需学习,另一方面让学生感觉这是门课程,而不是随心所欲没有节奏地去学习。

三、MOOC 混合式教学的基本做法

智慧树 MOOC 网上课程是基于翻转课堂的混合式教学,其基本流程如图 2.11 所示,主要包括课前准备、课中互动和课后拓展学习 3 部分。

1. 课前准备

课前准备分 6 个步骤,具体见图 2.12。

图 2.11 基于翻转课堂的混合式教学流程图

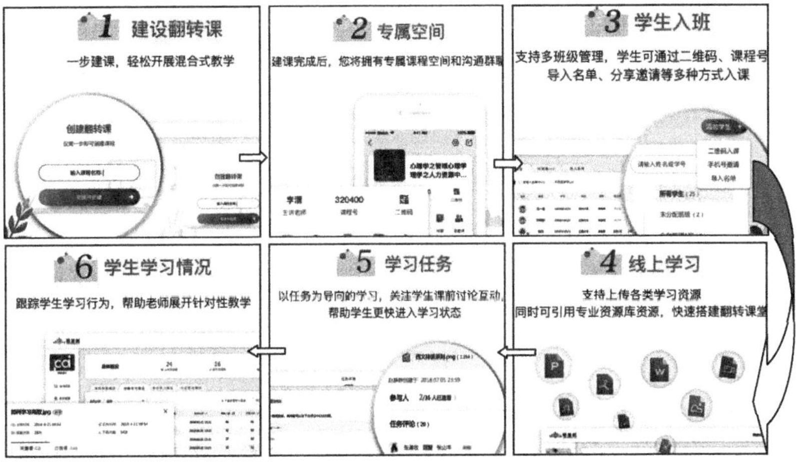

图 2.12 课前准备

2. 课中互动

智慧树线上直播课的内容互动，包括签到、投票、答疑和抢答等。多样的互动模式设计，使课堂气氛轻松活跃。（见图 2.13～图 2.15）

3. 课后拓展学习

课后拓展学习环节，学生要进行章节测试，老师还可以继续发布任务或者问答，并直观形象地掌握学情。（见图 2.16 和图 2.17）

四、课程教学方法的整体改革

课程内容不仅要有必要的技术支撑，而且更强调课程的内容设计，突出教师授课与学生探究的结合。2017 年 6 月“土木工程材料”MOOC 课程建设全部完成，后续在“山东交通学院慕课网”和“智慧树网站”上同步运行开课（智慧树网站的开课性质为“跨校共享课程”）。

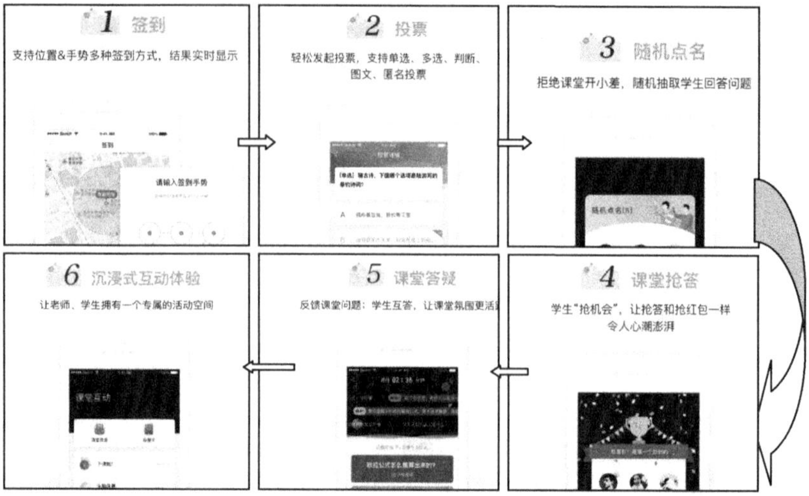

图 2.13　课中互动流程

图 2.14　直播课程现场

图 2.15 手机客户端直播课部分界面情况

图 2.16 课程后拓展学习流程

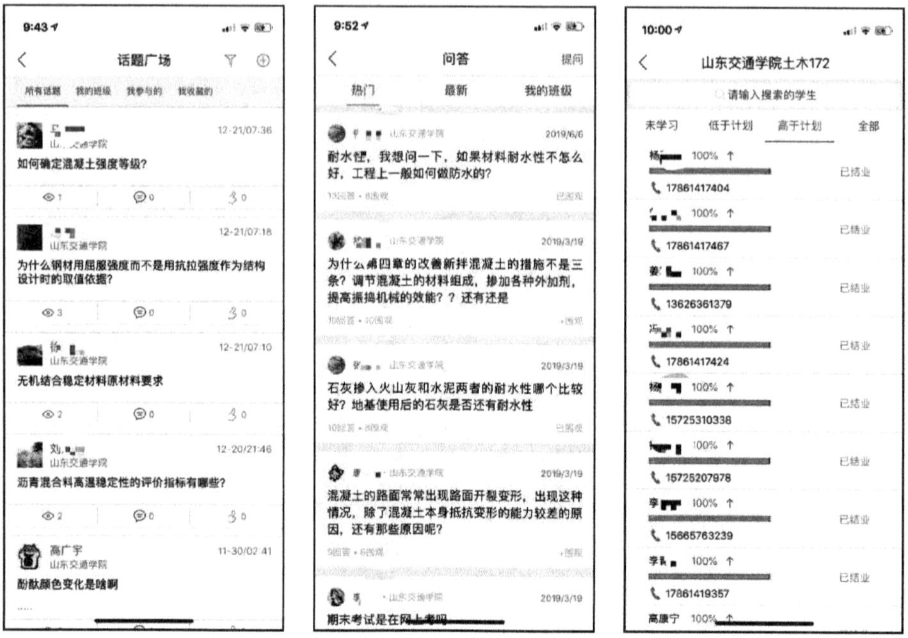

图 2.17 “土木工程材料”课程课后讨论及学情统计

“土木工程材料”课程在 MOOC 的运行过程中线上线下的学习互动较多，基本做到了基于翻转课堂的混合式教学模式的改革。混合式教学翻转课堂就是这样一种模式——课前通过教师发布的视频完成知识的学习，课堂变成了师生之间和同学之间互动“吸收内化”的场所。该模式的实质是将传统教学中知识传授和知识内化过程进行了颠倒，打破了传统教学领域一个长期存在的积习——只注重信息的传递过程而忽略了信息吸收内化过程。（教学改革框架及典型做法见图 2.18 和图 2.19）

基于翻转课堂的混合式教学模式的改革要做到以下几点：

1. 教改关键词之一：整体设计

(1) 个人初步备课：整体设计并制作教学资源、设计导学单及课堂任务。

(2) 课程组集体研讨并修正教案（见图 2.20）。

(3) 备课不只是备课程的内容，还要备学生的内容，要对学生在学习过程中可能出现的问题有预见性。

2. 教改关键词之二：设计好预习问题

主要是暴露学生漏洞的问题、引发学生换位思考的问题和促进学生学会学习的问题。（部分习题见图 2.21）

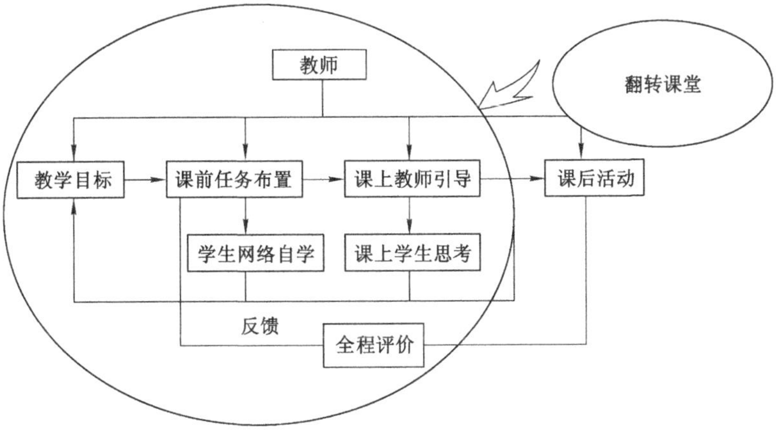

图 2.18 “土木工程材料”混合式教学改革框架图

图 2.19 基于翻转课堂的混合式教学改革典型做法

图 2.20 教师讨论及学生讨论

1单元一 砂石材料	2016-09-18 12:28	Microsoft Word 97 ...	70 KB
2单元二 石灰与水泥	2016-09-18 12:28	Microsoft Word 97 ...	17 KB
3单元三 水泥混凝土与砂浆	2016-09-18 12:28	Microsoft Word 97 ...	16 KB
4单元四 无机结合料稳定材料	2016-09-18 12:25	Microsoft Word 97 ...	10 KB
5单元五 沥青与沥青混合料	2016-09-18 12:27	Microsoft Word 97 ...	37 KB
6单元六 建筑钢材	2016-09-18 12:28	Microsoft Word 97 ...	10 KB

图 2.21　学生课前预习问题

3. 教改关键词之三：课堂点评与讨论组织

授课教师根据课程内容和网上学生互动情况，对教学重点进行总结，对疑难问题及重点问题进行讨论，最后引用相应的工程案例进行该部分知识点的巩固。（课堂场景见图 2.22）

图 2.22　课堂讨论场景

4. 教改关键词之四：情景式教学具体措施

部分教学单元的制作过程以工地实验室和施工现场为依托。与施工企业联系，选择被交通运输部评审标准化达标的实验室和标准化工地的施工现场作为辅助教学地点，保证教学效果。（部分工地实验室场景见图 2.23）

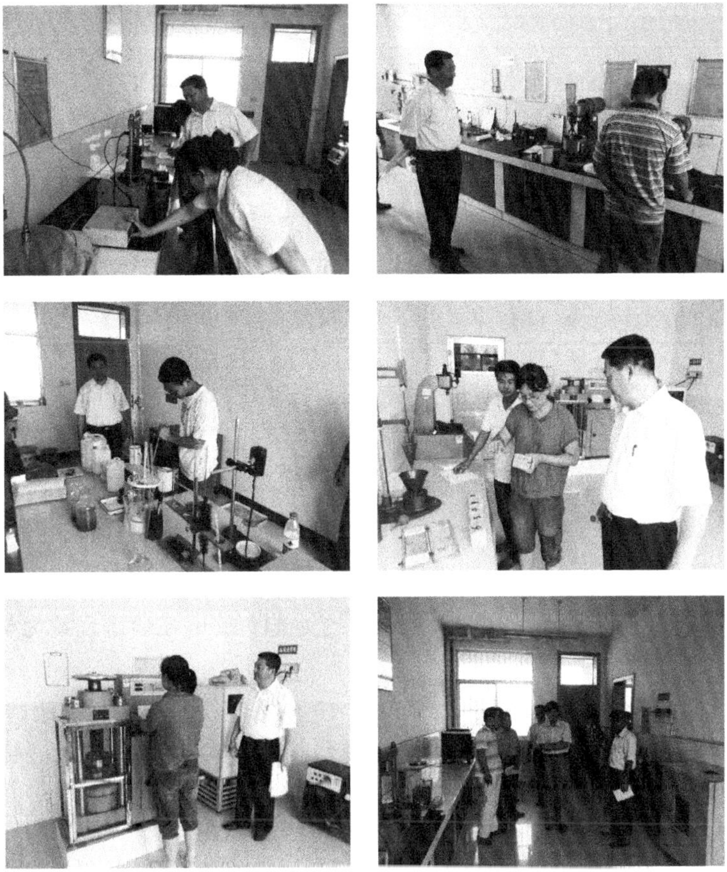

图 2.23 工地实验室现场

五、课程的考核

混合式教学评价考核见表 2.2。

表 2.2 MOOC 混合式教学评价系统

项目	细则	比例/%	备注
课前任务	在线时间	5	每小时计 10 分,8 h 以上满分
	课程作业	10	教师评分
	自测成绩	10	检查知识点学习效果
	课堂讨论	5	每 1 条计 2 分,50 条以上满分

表 2.2(续)

项目	细则	比例/%	备注
课堂活动	到课率	5	每缺 1 次扣 10 分,3 次以上取消资格
	上课参与活动、思考的积极性	10	学会学习方法,锻炼表达能力
	小组成员根据合作态度、贡献率评分	10	提高组织能力、团队意识
	课上知识综合运用得分	10	加深知识理解,学会知识运用
课后活动	实践体验,反思与总结	5	学生互评得分
期末测试	综合测试成绩	30	教师评分
整体评价		100	

六、信息化教学资源建设

1. 课堂视频

总视频约为 505 min,其中课堂讲授约为 410 min,实验解说约为 95 min。

(1) 课堂讲授式视频

共 41 节,总时长 410 min,平均每节 10 min,授课过程中少量教师出镜+大量 PPT 展示(含图片、动画及现场展示)。(部分讲授视频见图 2.24)

图 2.24　课堂讲授视频

(2) 实验视频分析解说

共 11 节，总时长约 90 min，平均每节 8 min。(部分实验教学视频见图 2.25、实验内容及负责人见表 2.3)

图 2.25　实验教学视频

表 2.3　视频内容及负责人

理论授课				
单元号	章节	知识点	负责人	时长
单元一	绪论	知识点 1:课程内容	王琨	5 min 51 s
		知识点 2:学习要求	王琨	4 min 39 s
		知识点 3:土木工程材料定义	王琨	5 min 51 s
		知识点 4:土木工程材料定义及发展	王琨	13 min
		知识点 5:土木工程材料的技术标准	王琨	18 min 6 s
单元二	砂石材料	知识点 1:砂石材料的工程应用及基本知识	郭德栋	12 min 46 s
		知识点 2:石料的技术性质	郭德栋	11 min 36 s
		知识点 3:集料的技术性质	郭德栋	8 min 5 s
		知识点 4:矿质混合料	郭德栋	12 min 39 s
单元三	石灰与水泥	知识点 1:石灰与水泥的工程应用	王琨	9 min 39 s
		知识点 2:石灰	王琨	8 min 47 s
		知识点 3:硅酸盐水泥的生产与组成	王琨	12 min 59 s
		知识点 4:硅酸盐水泥的技术性质与技术标准(上)	王琨	12 min 15 s
		知识点 5:硅酸盐水泥的技术性质与技术标准(下)	王琨	11 min 9 s

表 2.3(续)

单元号	章节	知识点	负责人	时长
单元四	水泥混凝土	知识点 1:水泥混凝土工程应用	赵之仲	4 min 15 s
		知识点 2:新拌混凝土工作性能的含义和测试方法	赵之仲	8 min 57 s
		知识点 3:新拌混凝土工作性能的改善措施和选择	赵之仲	5 min 26 s
		知识点 4:新拌混凝土影响工作性能的因素分析	赵之仲	9 min 6 s
		知识点 5:硬化后混凝土原材料性能要求	赵之仲	18 min 19 s
		知识点 6:影响混凝土性能的因素及改进措施	赵之仲	12 min 20 s
		知识点 7:硬化后混凝土的力学性能及检测方法	赵之仲	10 min 5 s
		知识点 8:提高混凝土强度的措施及混凝土的耐久性	赵之仲	8 min 33 s
		知识点 9:水泥混凝土配合比设计方法	赵之仲	23 min 37 s
		知识点 10:水泥混凝土配合比设计案例分析	赵之仲	9 min 47 s
单元五	沥青与沥青混合料	知识点 1:沥青与沥青混合料的工程应用	杨洁	6 min 14 s
		知识点 2:沥青的三大指标	杨洁	9 min 27 s
		知识点 3:沥青路面气候分区及技术标准	杨洁	7 min 4 s
		知识点 4:沥青混合料的技术性质	杨洁	13 min 18 s
		知识点 5:沥青混合料的技术标准	杨洁	3 min 15 s
		知识点 6:热拌沥青混合料配合比设计(上)	杨洁	9 min 21 s
		知识点 7:热拌沥青混合料配合比设计(下)	杨洁	13 min 36 s
单元六	建筑钢材	知识点 1:钢材的工程应用	王琨	8 min 10 s
		知识点 2:建筑钢材的分类	王琨	5 min 14 s
		知识点 3:建筑钢材的技术性质——力学性质	王琨	15 min
		知识点 4:建筑钢材的技术性质——工艺性质	王琨	5 min 14 s
		知识点 5:钢材冷加工	王琨	7 min 13 s
		知识点 6:钢结构用钢	王琨	11 min 54 s
		知识点 7:混凝土结构用钢	王琨	11 min 1 s
单元七	无机结合料稳定材料	知识点 1:无机结合料稳定材料的应用和特点	赵之仲	7 min 9 s
		知识点 2:无机结合料稳定材料分类	赵之仲	6 min 49 s
		知识点 3:无机结合料稳定材料的原材料性能要求	赵之仲	6 min 49 s
		知识点 4:无机结合料稳定材料的配合比设计方法	赵之仲	8 min 11 s
		知识点 5:无机结合料稳定材料的技术性能及影响因素分析	赵之仲	16 min 35 s

表 2.3(续)

实验教学			
实验号	实验内容	负责人	时长
实验一	细集料表观密度实验(容量瓶法)	王琨	5 min 46 s
实验二	细集料堆积密度及紧装密度实验	王琨	7 min 52 s
实验三	细集料筛分实验	王琨	10 min 11 s
实验四	水泥标准稠度用水量、凝结时间、安定性检验方法	王琨	16 min 15 s
实验五	水泥混凝土抗压强度实验方法	王琨	6 min 2 s
实验六	水泥混凝土拌合物稠度实验方法(坍落度仪法)	王琨	7 min 55 s
实验七	沥青针入度实验	王琨	11 min 40 s
实验八	沥青延度实验	王琨	8 min 58 s
实验九	沥青软化点实验(环球法)	王琨	8 min 18 s
实验十	沥青混合料马歇尔稳定度实验	王琨	10 min 43 s
实验十一	钢筋原材拉伸、弯曲实验方法	王琨	9 min 18 s

2. 线上直播课

线上直播课共计 4 次,每次 90 min,课程设计合理、内容丰富(见图 2.26)。

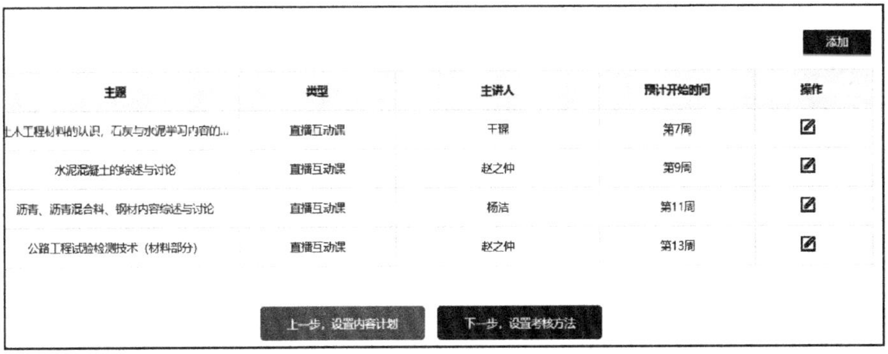

图 2.26 智慧树平台线上直播课情况

3. 随堂提问练习

习题课堂提问,采用插在视频中间的方式,每个视频中至少包含 2 个问题(见图 2.27)。

题目类型	弹题时间	章节	题干	答案	解析（选填）	选项		
						A	B	C
多选题	0:01:46	1.1	土木工程材料对土木工程影响包括哪些?	ABCD		影响结构承载能力	工程造价	工程技术进步
多选题	0:03:31	1.2	常用的土木工程材料有哪些?	ABCD		砂石材料	石灰与水泥	建筑钢材
单选题	0:05:11	1.3	下列哪些属于无机非金属材料?	C		胶黏剂	钢筋混凝土	水泥混凝土
多选题	0:05:11	1.4	土木工程材料的发展趋势?	ABCD		轻质高强	节约能源	废旧利用
多选题	0:10:34	1.5	材料的抗冻性指标包括（）。	AD		抗冻质量损失率	磨耗率	抗压强度
多选题	0:13:10	1.5	材料的强度主要包括哪几种?	ABC		摩擦强度	抗压强度	抗拉强度
判断题	0:13:20	1.5	不同材料强度等级划分方法类似。	错				
判断题	0:17:45	1.5	GB/T是国家强制性标准。	错				
判断题	0:10:54	2.1	砂的粗细程度按细度模数分为粗、中、细三级	错				
单选题	0:06:53	2.2	岩石的内部组成由（）_三部份组成	A		矿质实体、开口孔隙和闭口孔隙	矿质实体、水、空隙	矿质实体、空、水
判断题	0:08:10	2.2	岩石的吸水率是指岩石在强制条件下，岩石试件最大吸水质量占烘干岩石试件质量的百分率。	错				
单选题	0:03:32	2.3	粗集料是指粒径（）的集料	B		>9.5mm	>4.75mm	>2.36mm
判断题	0:06:33	2.3	细集料筛分时，无论用于工程什么部位均用方	对				
			某工地通过粗集料筛分试验得到相邻两筛孔的累计筛余百分率相等，则可判断该粗集料			连续	间断	密实

图 2.27　MOOC 视频弹题

4. 在线作业

目前，作业以知识点讲授内容为主线进行布置安排，分记忆、理解、应用、分析几种类型(见图 2.28)。

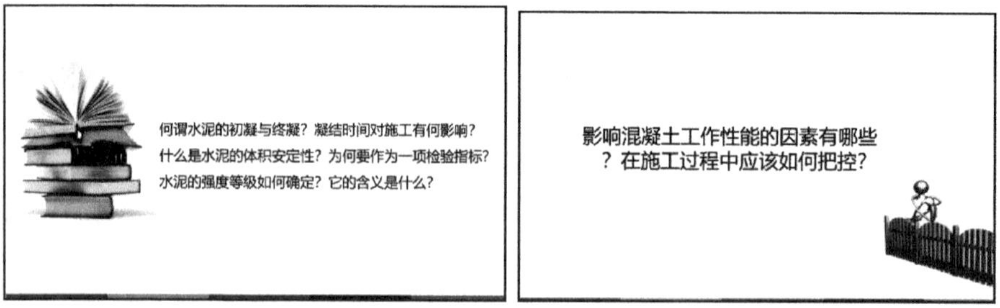

图 2.28　“土木工程材料”视频课程在线作业

5. 试题库

课程按照不同知识单元建设了试题库，包括填空、选择、名词解释等多种题型，共计 12 套，其中智慧树上线 4 套(见图 2.29)。

6. 整体资源建设

整体资源建设完整性好(见图 2.30)。

7. 信息化课程的教材建设

《土木工程材料》教材已由人民交通出版社于 2016 年 9 月出版，王琨主

1绪论	2017-06-11 12:01	文件夹
2单元一 砂石材料	2017-06-11 12:01	文件夹
3单元二 无机胶凝材料	2017-06-11 12:01	文件夹
4单元三 水泥混凝土	2017-06-11 12:01	文件夹
5单元四 沥青和沥青混合料	2017-06-11 12:01	文件夹
6单元五 无机结合料稳定材料	2017-06-11 12:01	文件夹
7单元六 钢材	2017-06-11 12:01	文件夹

土木工程材料基本性质-计算题	2016-09-09 23:29	Microsoft Word 97 ...	68 KB
土木工程材料基本性质-简答题	2016-09-09 20:41	Microsoft Word 97 ...	31 KB
土木工程材料基本性质-名词解释	2016-09-09 20:21	Microsoft Word 97 ...	31 KB
土木工程材料基本性质-判断题	2016-09-09 23:09	Microsoft Word 97 ...	32 KB
土木工程材料基本性质-填空题	2016-09-09 19:57	Microsoft Word 97 ...	40 KB
土木工程材料基本性质-选择题	2016-09-09 20:13	Microsoft Word 97 ...	57 KB

砂石材料-案例分析题	2016-09-10 13:18	Microsoft Word 97 ...	44 KB
砂石材料-计算题	2016-09-10 12:49	Microsoft Word 97 ...	99 KB
砂石材料-简答题	2016-09-10 12:45	Microsoft Word 97 ...	39 KB
砂石材料-论述题	2016-09-10 12:47	Microsoft Word 97 ...	196 KB
砂石材料-判断题	2016-09-10 12:43	Microsoft Word 97 ...	35 KB
砂石材料-选择题	2016-09-10 12:39	Microsoft Word 97 ...	84 KB

隐藏空白

无机胶凝材料-计算题	2016-09-10 20:39	Microsoft Word 97 ...	30 KB
无机胶凝材料-名词解释	2016-09-10 16:27	Microsoft Word 97 ...	30 KB
无机胶凝材料-判断题	2016-09-10 20:18	Microsoft Word 97 ...	31 KB
无机胶凝材料-填空题	2016-09-10 15:57	Microsoft Word 97 ...	46 KB
无机胶凝材料-问答题	2016-09-10 20:35	Microsoft Word 97	49 KB
无机胶凝材料-选择题	2016-09-10 13:50	Microsoft Word 97 ...	53 KB

图 2.29 试题库

编，是一本本科生与留学生可以共用的双语教材（见图 2.31）。

教材设计按照 MOOC 知识单元进行划分，为方便学生学习，重要知识点均配有二维码（见图 2.32）。

七、信息化课程混合式教学课程设计

（1）课程时长 11 周，其中学习 10 周，期末考试 1 周。

（2）以周为单元分 1～3 个课时，每周 1～3 段视频。

（3）每个课时分自主学习任务＋视频（中间穿插提问）。

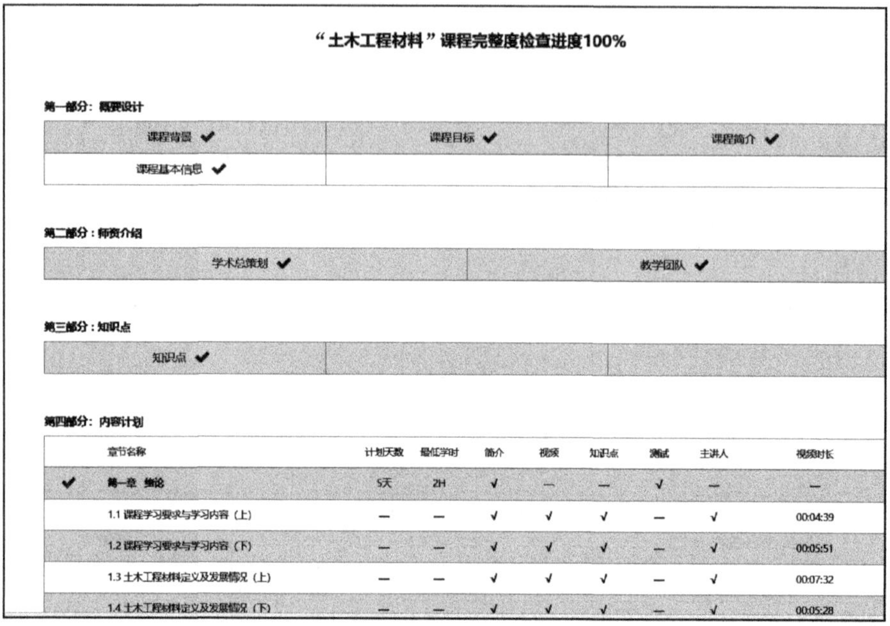

“土木工程材料”课程完整度检查进度100%

第一部分：概要设计

课程背景 ✔	课程目标 ✔	课程简介 ✔
课程基本信息 ✔		

第二部分：师资介绍

学术总策划 ✔	教学团队 ✔

第三部分：知识点

知识点 ✔		

第四部分：内容计划

	章节名称	计划天数	最低学时	简介	视频	知识点	测试	主讲人	视频时长
✔	**第一章 绪论**	5天	2H	√	—	—	√	—	—
	1.1 课程学习要求与学习内容（上）	—	—	√	√	√	—	√	00:04:39
	1.2 课程学习要求与学习内容（下）	—	—	√	√	√	—	√	00:05:51
	1.3 土木工程材料定义及发展情况（上）	—	—	√	√	√	—	√	00:07:32
	1.4 土木工程材料定义及发展情况（下）	—	—	√	√	√	—	√	00:05:28

图 2.30 智慧树平台线上 MOOC 建设情况

图 2.31 《土木工程材料》教材

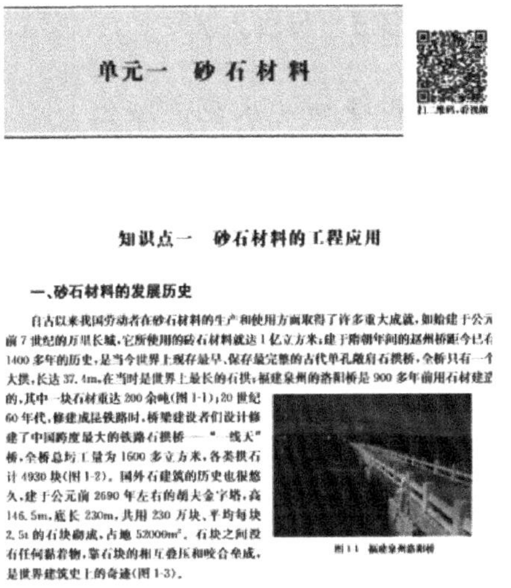

单元一 砂石材料

扫二维码，看视频

知识点一 砂石材料的工程应用

一、砂石材料的发展历史

自古以来我国劳动者在砂石材料的生产和使用方面取得了许多重大成就，如始建于公元前7世纪的万里长城，它所使用的砖石材料就达1亿立方米；建于隋朝年间的赵州桥距今已有1400多年的历史，是当今世界上现存最早、保存最完整的古代单孔敞肩石拱桥，全桥只有一个大拱，长达37.4m，在当时是世界上最长的石拱；福建泉州的洛阳桥是900多年前用石材建造的，其中一块石材重达200余吨(图1-1)；20世纪60年代，修建成昆铁路时，桥梁建设者们设计修建了中国跨度最大的铁路石拱桥——“一线天”桥，全桥总圬工量为1600多立方米，各类拱石计4930块(图1-2)。国外石建筑的历史也很悠久，建于公元前2690年左右的胡夫金字塔，高146.5m，底长230m，共用230万块、平均每块2.5t的石块砌成，占地52000m²。石块之间没有任何黏着物，靠石块的相互叠压和咬合垒成，是世界建筑史上的奇迹(图1-3)。

图1-1 福建泉州洛阳桥

图 2.32 重要知识点“二维码”示例

(4) 每周作业考核一次，每次 2～3 个题目(递交答案后立即反馈标准答案)。

(5) 线下授课，主要采用知识点补充讲解、教师答疑、课堂讨论、主题讨论的形式，由教学团队共同完成。

(6) 课程设计特点：① 网络视频在线学习，实现课程共享；② 面授过程中的研讨，提升知识与能力。

基本流程见图 2.33。

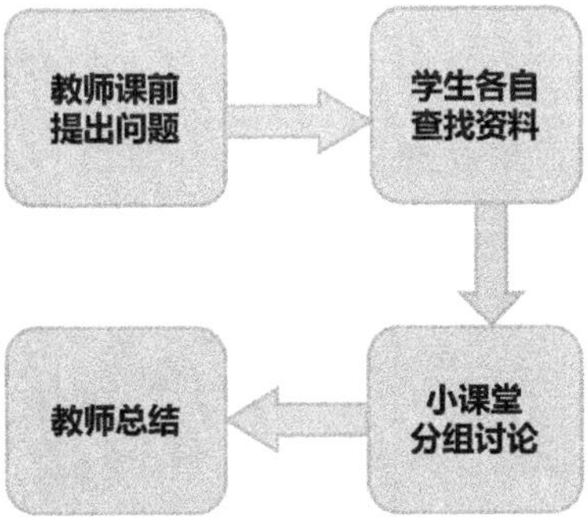

图 2.33 线下的面授课基本流程

八、教学设计课例(以混凝土模块为例)

模块四　水泥混凝土

1　学习任务

本模块学生的学习任务是：明确混凝土在土木工程中的应用；认识新拌水泥混凝土工作性能的工程实践意义；具备调整和改善混凝土工作性能的能力；能够对新拌混凝土的工作性能进行评定和调整；掌握硬化后混凝土的基本性质，明确水泥混凝土组成材料的技术要求、混凝土强度的形成机理；掌握硬化后混凝土应该具备的各项技术性质及影响因素，具备改善混凝土技术指标的能力；了解常用的混凝土外加剂；能够进行普通混凝土配合比设计和路面用混凝土的设计；具备依据工程环境和结构物的具体要求选择合适类型的混凝土，并完成配合比设计的能力。

2　案例导入——青岛胶州湾大桥

青岛胶州湾大桥(北桥位)位于我国黄海中部、胶州半岛南部的胶州湾，地处我国著名的对外贸易良港——青岛市，工程东接青岛主城区，西接黄岛经济技术开发区，北通红岛，南临黄海。该工程的建成进一步完善了青岛市东西跨海交通联系，促进青岛市经济战略西移，解决黄岛前湾港外贸集装箱的疏运问题，缓解青岛胶州湾高速公路日趋饱和的交通压力。青岛胶州湾大桥所处环境恶劣，海水对钢筋混凝土构筑物有很强的腐蚀作用，国内外有大量遭到严重破坏的类似工程实例，损失巨大。同时，海工混凝土的技术性能尤其是耐久性是工程长期维持其安全性和适用性的重要前提，对处于氯离子包围环境中的跨海大桥更加重要。该工程对混凝土的研究、设计、施工、质量监控提出了更高的要求。

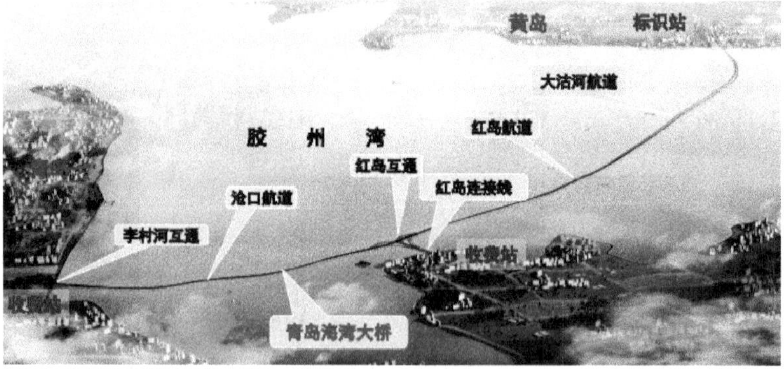

工程技术创新：

青岛胶州湾大桥是我国北方冰冻海域首座特大型桥梁集群工程，在我国北方冰冻地区首次提出了100年设计寿命标准，大桥受盐害、冻融、海雾、台风、暴雨、工业排放物等多重腐蚀环境的综合作用，腐蚀环境非常恶劣，因此耐久性防护任务非常重要，为此技术人员做了长达数年的研究。

大桥受施工、环保、通航、航空、气候、水文、地形和地质结构条件的制约，建设条件复杂、工程技术难度大、创新点多。通航孔斜拉桥采用分幅稀索钢箱梁形式锚固方式，结合了本桥的特点，结构简洁明快，具有独创性；自锚悬索桥采用大跨径独塔 260 m 单空间索面结构，主梁为双边钢箱梁＋横向连接箱结构，取消了海中悬索桥大型锚碇基础，结构造型恢宏，气势磅礴，同类结构为国内首次采用，锚固体系在设计上独具匠心；非通航孔桥首次大规模采用双幅分离的 60 m 跨预应力混凝土结构形式，整孔预制吊装，施工工艺先进，设计合理，提高了施工质量、大大加快了施工进度。

大桥混凝土概况：

采用高性能海工混凝土（HPMC），其性能主要包括物理力学性能和耐久性能。HPMC 的力学性能是海工混凝土构筑物结构安全性的基础，是构筑物承载力的基本要素。目前，结构设计中对混凝土的要求仍以抗压强度为主要指标，所以在 HPMC 的配合比设计中仍将抗压强度作为重要指标之一。HPMC 的物理性能包括膨胀收缩和绝热温升等性能，通过对物理性能的研究，可以采取合理的措施降低混凝土的收缩和混凝土内部温升，提高大体积混凝土的抗裂性能。

混凝土结构耐久性是指混凝土结构在自然环境、使用环境及材料内部因素的作用下，在设计要求的目标使用期内，不需要花费大量资金加固处理而保持其安全、使用功能和外观要求的能力。混凝土构筑物在长期使用过程中，在内部或外部的、人为的或自然的因素作用下，随着时间的推移，将发生材料老化与结构损伤，这是一个不可逆转的过程，这种损伤的累积将导致结构性能的劣化、承载力和耐久性的降低。资料表明，导致混凝土结构的耐久性不足的原因是多方面的，如钢筋锈蚀、碳化、混凝土的冻融及其他的物理化学作用(如海洋环境下的干湿循环作用和浪溅区的海水磨蚀作用等)。当海工混凝土构筑物存在由于设计或施工等因素造成的缺陷时，这种腐蚀作用更加明显，从而显著降低构筑物的耐久性，加大构筑物维护的成本和投入，造成巨大的损失。

研究人员通过开展对 HPMC 耐久性方面的实验研究，对新建工程项目进行耐久性设计与研究，揭示了影响结构寿命的内部与外部因素，从而提高工程的设计水平和施工质量，确保混凝土结构生命全过程的正常工作，为青岛胶州湾大桥的建设提供了详细的实验参考依据，对此类工程的设计和施工具有重要意义。

该项目中，混凝土水平泵送距离超过 200 m，施工过程中表现出了优良的工作性能，混凝土结构成型后强度符合要求，耐久性等各项指标满足要求。

3 前期教学资源准备

(1) 播放青岛胶州湾大桥混凝土施工过程视频。

(2) 展示山东省交通科学研究所海工混凝土施工质量检测控制过程。

(3) 发布混凝土项目施工过程和实验过程中涉及的技术标准。

(4) 展示该项目在施工过程中遇到的混凝土质量的各种问题。

4 课前思考题目布置

(1) 混凝土组成材料有哪些?

(2) 混凝土在结构中起到的主要作用是什么?

5 教材章节

水泥混凝土的工程应用(《土木工程材料》，王琨主编，75～76 页)

水泥混凝土的技术性质(《土木工程材料》，王琨主编，76～83 页)

水泥混凝土用原材料(《土木工程材料》，王琨主编，83～101 页)

水泥混凝土的配合比设计(《土木工程材料》，王琨主编，101～115 页)

水泥混凝土实验(《土木工程材料》，王琨主编，115～119 页)

6 教学视频

水泥混凝土	知识点 1:水泥混凝土工程应用	4 min 15 s
	知识点 2:新拌混凝土工作性能的含义和测试方法	8 min 57 s
	知识点 3:新拌混凝土工作性能的改善措施和选择	5 min 26 s
	知识点 4:新拌混凝土影响工作性能的因素分析	9 min 6 s
	知识点 5:硬化后混凝土原材料性能要求	18 min 19 s
	知识点 6:影响混凝土性能的因素及改进措施	12 min 20 s
	知识点 7:硬化后混凝土的力学性能及检测方法	10 min 5 s
	知识点 8:提高混凝土强度的措施及混凝土的耐久性	8 min 33 s
	知识点 9:水泥混凝土配合比设计方法	23 min 37 s
	知识点 10:水泥混凝土配合比设计案例分析	9 min 47 s

<table>
<tr><th colspan="3">7　学习过程</th></tr>
<tr><td rowspan="3">在线学习</td><td colspan="2">1. 通过青岛胶州湾大桥实体工程介绍引入混凝土的工程应用及技术要求</td></tr>
<tr><td colspan="2">2. 学习视频</td></tr>
<tr><td colspan="2">3. 完成视频中提出的问题(9 个题目)</td></tr>
<tr><td rowspan="10">课堂讨论</td><td>1. 钢筋混凝土结构的特点</td><td rowspan="6">第一次面授</td></tr>
<tr><td>2. 水泥混凝土有什么优点</td></tr>
<tr><td>3. 水泥混凝土在土木工程中的应用现状</td></tr>
<tr><td>4. 水泥混凝土拌合物工作性能的含义</td></tr>
<tr><td>5. 水泥混凝土工作性能不好如何调整</td></tr>
<tr><td>6. 影响混凝土工作性能的因素有哪些</td></tr>
<tr><td>7. 混凝土外加剂的种类有哪些,其性能和应用如何</td><td rowspan="4">第二次面授</td></tr>
<tr><td>8. 我国现行混凝土配合比设计的方法</td></tr>
<tr><td>9. 与混凝土相关的现行规范及标准</td></tr>
<tr><td>10. 混凝土实验过程中的注意事项</td></tr>
<tr><td>课后作业</td><td colspan="2">5-1、5-2、5-4、5-5、5-6、5-7、5-8、5-12、5-15</td></tr>
<tr><th colspan="3">8　学习效果评价</th></tr>
<tr><td>在线学习</td><td>学习的时长、信息反馈情况、平台提问情况</td><td>20%</td></tr>
<tr><td rowspan="3">面授讨论</td><td>出勤情况</td><td>10%</td></tr>
<tr><td>回答线上问题的情况</td><td>8%</td></tr>
<tr><td>课堂讨论的表现情况</td><td>10%</td></tr>
<tr><td rowspan="2">课后</td><td>作业情况</td><td>15%</td></tr>
<tr><td>信息反馈情况</td><td>11%</td></tr>
<tr><td rowspan="2">杨洁</td><td>动手操作情况</td><td>15%</td></tr>
<tr><td>报告完成情况</td><td>11%</td></tr>
<tr><td colspan="2">合计</td><td>100%</td></tr>
</table>

<table>
<tr><th colspan="2">9　课程建设期间的课程组人员分工</th></tr>
<tr><td>授课教师</td><td>王琨、赵之仲</td></tr>
<tr><td>助教</td><td>杨洁</td></tr>
<tr><td>听评课教师</td><td>杨洁</td></tr>
<tr><td>线上评课</td><td>张晓燕</td></tr>
<tr><td>课后学习情况统计</td><td>胡月英</td></tr>
<tr><td>建课档案整理</td><td>杨丽冉</td></tr>
<tr><td>不同专业课时统筹</td><td>彭万里、王晓迎</td></tr>
</table>

第四节 “土木工程材料”课程学习指南

一、课程的学习方法

本课程采用MOOC网络教学、课堂授课、实验与实训相结合的方法进行教学，每个单元前面都有知识点、教学要求和教学设计等，指出了教学大纲所要求的学习目标、学习重难点，同时，该课程的教学PPT、教学录像等也根据大纲做了适当的详略处理。学生可参照课程安排有重点地进行本课程的学习。

本课程提供了丰富的教学资源供学生课后参考学习，这些资源包括多媒体课件、网络课件、授课录像、实验教学指导书、实验视频教材、课程基本要求、教学大纲、教学重点与难点等。上述资源可全部实现资源共享。

二、教学内容及学习要求

教学内容及学习要求见表2.4。

表2.4 课程具体教学内容及学习要求

章节	知识点名称		学习要求
绪论	知识点1	土木工程材料学习要求、土木工程材料定义与发展	1. 了解土木工程材料学习方法； 2. 掌握材料与土木工程发展之间的关系； 3. 掌握本课程学习方法
	知识点2	土木工程材料技术性质与标准	1. 熟悉材料的组成与性能的关系； 2. 了解哪些技术标准与土木工程材料密切相关； 3. 掌握我国技术标准的分类
砂石材料	知识点3	砂石材料的工程应用及基本知识	1. 了解砂石材料的工程应用； 2. 掌握砂石材料的基本分类
	知识点4	石料与集料的技术性质	1. 掌握石料的技术性质与工程实践之间的关系； 2. 掌握石料的物理性质、力学性质及路用石料技术分级的依据和技术标准； 3. 掌握集料的技术性质与工程实践之间的关系； 4. 掌握粗、细集料级配的概念和计算及评价方法

表 2.4(续)

章节	知识点名称		学习要求
砂石材料	知识点 5	矿质混合料	1. 熟悉矿质混合料的级配理论，能够绘制级配曲线； 2. 掌握矿质混合料的组成设计方法； 3. 能够对矿质混合料的组成设计结果按工程要求进行调整
	知识点 6	★实验——细集料表观密度实验、堆积密度实验	掌握实验过程及数据处理方法
	知识点 7	★实验——细集料筛分实验	掌握实验目的、实验过程及数据处理方法，并能对实验结果进行评定
石灰与水泥	知识点 8	石灰与水泥的工程应用、石灰	1. 掌握石灰、水泥的工程应用； 2. 熟悉石灰技术指标和工程质量之间的关系
	知识点 9	硅酸盐水泥的生产与组成	了解水泥的生产工艺和组成材料
	知识点 10	硅酸盐水泥的技术性质与标准	1. 掌握水泥的工程技术性质； 2. 熟悉水泥的技术指标对材料和工程质量的影响； 3. 能根据工程类型、工程特点和工程环境选择合适品种水泥； 4. 能在工程实践中熟练运用技术标准
	知识点 11	★实验——水泥实验（水泥标准稠度用水量、凝结时间、安定性检验方法）	掌握实验目的、过程及数据处理方法
水泥混凝土	知识点 12	水泥混凝土工程应用与工作性能	1. 掌握水泥混凝土的工程应用； 2. 掌握混凝土工作性能的意义及提高、改善工作性能的方法
	知识点 13	影响混凝土性能的因素与改进措施	1. 了解影响混凝土强度、耐久性的因素； 2. 掌握改进混凝土性能的各种措施
	知识点 14	硬化后混凝土的力学性能及检测方法	1. 了解硬化后混凝土力学性能特点； 2. 熟悉相关检测方法
	知识点 15	水泥混凝土配合比设计方法	1. 掌握混凝土配合比设计参数的确定方法； 2. 掌握混凝土配合比设计的基本步骤
	知识点 16	水泥混凝土配合比设计案例分析	能够进行水泥混凝土的配合比设计，并对结果进行调整

表 2.4(续)

章节	知识点名称		学习要求
水泥混凝土	知识点 17	★实验——混凝土抗压强度实验、混凝土坍落度实验	1. 掌握混凝土拌合物坍落度的实验方法； 2. 能够对混凝土坍落度实验结果进行评定； 3. 掌握混凝土抗压强度实验的实验目的和方法
沥青与沥青混合料	知识点 18	沥青与沥青混合料的工程应用	了解沥青与沥青混合料的工程应用，尤其是在道路方向的应用
	知识点 19	沥青的三大指标及气候分区	1. 掌握针入度、延度、软化点的定义及计算方法； 2. 掌握沥青路面气候分区的基本指标和我国气候分区具体情况
	知识点 20	沥青混合料的技术性质与技术标准	1. 了解热拌沥青混合料的组成结构类型及工程应用特点； 2. 掌握热拌沥青混合料的技术性质及其与工程应用之间的关系； 3. 了解热拌沥青混合料的部分技术性质参数的计算方法
	知识点 21	热拌沥青混合料配合比设计	1. 能在工程实践中熟练运用技术标准； 2. 能够进行沥青混合料的配合比设计，并能对结果进行调整
	知识点 22	★实验——沥青针入度实验	掌握沥青针入度的实验目的、实验过程及数据处理方法
	知识点 23	★实验——沥青延度实验、沥青软化点实验	掌握沥青延度和软化点的实验目的、实验过程及数据处理方法
	知识点 24	★实验——沥青混合料马歇尔实验	掌握沥青混合料马歇尔实验的实验目的、实验过程及数据处理方法
建筑钢材	知识点 25	钢材的工程应用与分类	1. 了解钢材的工程应用情况； 2. 掌握钢材的基本分类
	知识点 26	建筑钢材的技术性质	1. 熟悉钢材在工程中应用所应具备的技术性质； 2. 掌握表示钢材拉伸性能基本概念和基本测试原理及具体指标的计算方法； 3. 熟悉钢材冷弯性能的具体概念和基本测试原理； 4. 了解钢材的硬度和焊接性能的基本概念

表 2.4(续)

章节	知识点名称		学习要求
建筑钢材	知识点 27	钢材的冷加工	1. 了解钢材冷加工的基本类型; 2. 掌握钢材冷加工强化过程的规律及工程实践意义; 3. 熟悉钢材冷拉时效的定义
	知识点 28	钢结构用钢、混凝土结构用钢	1. 了解钢结构用钢和混凝土结构用钢的基本类型; 2. 掌握各种钢材牌号的表示方法; 3. 能按照土木工程的设计要求选用合适的钢材
	知识点 29	★实验——钢筋原材拉伸、弯曲实验方法	1. 掌握钢筋拉伸实验目的及实验方法; 2. 能够进行钢筋拉伸实验的实验数据处理,并能进行结果评定; 3. 能够对钢筋冷弯实验结果进行评定

第五节 "土木工程材料"课程重点和难点

一、学习基本要求及重点、难点说明

1. 基本要求

掌握土木工程材料的基本概念、基本理论和实验方法;牢固掌握土木工程材料的技术性质、技术标准,以及常用混合材料的组配设计方法。要求学生通过学习具备合理选择材料、能够对材料的性能进行检测与评价,并能将原材料组配成优质的复合材料的工程应用能力。

2. 重点内容

土木工程原材料的技术性质、技术要求;土木工程混合材料的组成、性质、基本理论和组配设计方法。

3. 难点内容

该课程的难点为土木工程材料组成结构与性能之间的关系;原材料与混合材料之间的关系;材料实验与应用之间的关系。

二、每部分的重难点

每部分的重难点见表 2.5。

表 2.5 课程的重点与难点

单元名称	重点与难点
绪论	重点内容： 理论与实践相结合，明确土木工程材料学习要求、土木工程材料定义与发展情况，对整个课程有较好的把握
	难点内容： 土木工程材料技术性质、土木工程材料标准的应用方法及在后续课程学习中的关键作用
砂石材料	重点内容： 砂石材料的工程应用及基本知识；集料的技术性质、相关实验操作及数据处理
	难点内容： 如何进行矿质混合料的配合比设计；如何进行级配的调整；相关实验与工程应用之间的关系
石灰与水泥	重点内容： 石灰、水泥的工程应用；水泥相关实验方法
	难点内容： 水泥的技术指标的具体含义；水泥的各项指标与工程实践之间的关系；水泥质量评定的步骤；相关实验与工程应用之间的关系
水泥混凝土	重点内容： 水泥混凝土的工程应用；影响混凝土性能的因素与改进措施；混凝土工作性能的含义及改善工作性能的措施；混凝土相关实验操作及数据处理
	难点内容： 混凝土配合比设计的方法；混凝土强度形成的理论；改善和提高其强度与耐久性的措施；相关实验与工程应用之间的关系
沥青与沥青混合料	重点内容： 沥青与沥青混合料的工程应用；沥青技术指标及标准；沥青混合料技术性质及标准；相关实验操作及数据处理
	难点内容： 沥青及沥青混合料的技术指标与工程实践之间的关系；热拌沥青混合料的配合比设计；相关实验与工程应用之间的关系
建筑钢材	重点内容： 钢材的工程应用与分类；建筑钢材的技术性质；钢材的冷加工；相关实验操作及数据处理
	难点内容： 各种类型钢材牌号表征意义；钢材主要力学及工艺指标；如何在实验过程中判定屈服强度；相关实验与工程应用之间的关系

第六节 “土木工程材料”课程教学分工

一、课程负责人

王琨，女，工学博士，山东交通学院交通土建工程学院教授，硕士研究生导师。在本课程建设中承担的主要工作有：课程大纲的撰写、课程知识点的划分、教学要求的设计、课程主要教学内容演示文稿的制作、教学录像的录制等。

二、课程团队组建

本课程主讲教师共计4人，其中教授2人、副教授1人，博士3人，研究方向均为路面结构与材料。团队人员中主持参与各级教研教改课题4项，教学获奖3人次。相关科研经费200余万元，国家级课题1项，省部级课题1项，市厅级课题6项。

三、课程参与人

(1) 杨洁，女，工学硕士，山东交通学院交通土建工程学院讲师。在本课程建设中承担的主要工作有：课程重点难点的确定、课程习题库制定等。

(2) 赵之仲，男，工学博士，山东交通学院交通土建工程学院副教授。在本课程中主要承担部分内容讲授。

(3) 郭德栋，男，工学博士，山东交通学院道路安全中心教授。在本课程中主要承担部分内容讲授。

四、“土木工程材料”MOOC教学日历

教学日历见表2.6。

表2.6 教学日历

教学周	讲授内容	主讲教师	辅导教师
第1周	课程概述及学习要求，土木工程材料的基本性质及相关标准	王琨	王琨、杨洁
第2周	砂石材料的工程应用及基本知识，石料、集料技术性质	郭德栋	郭德栋、赵之仲
第3周	集料级配，矿质混合料，集料的实验	郭德栋	郭德栋、赵之仲
第4周	石灰、水泥的工程应用及技术性质，水泥实验	王琨	王琨、杨洁

表 2.6(续)

教学周	讲授内容	主讲教师	辅导教师
第 5 周	水泥混凝土的工程应用，新拌水泥混凝土的工作性能，硬化后混凝土的性质	赵之仲	赵之仲、郭德栋
第 6 周	混凝土组成材料，混凝土的配合比设计，混凝土实验	赵之仲	赵之仲、郭德栋
第 7 周	无机稳定结合料的工程应用、特点和分类，配合比设计	赵之仲	赵之仲、郭德栋
第 8 周	沥青及沥青混合料的工程应用，石油沥青的技术性质及技术标准	杨洁	王琨、杨洁
第 9 周	沥青混合料的技术性质及技术标准，沥青混合料的配合比设计(确定最佳沥青用量)，沥青及沥青混合料实验	杨洁	王琨、杨洁
第 10 周	钢材的工程应用及基本知识，建筑钢材的技术性质	王琨	王琨、杨洁
第 11 周	建筑钢材的冷加工，建筑钢材实验	王琨	王琨、杨洁

五、“土木工程材料”MOOC 辅导答疑安排

说明：辅导答疑以在线答疑为主，每周集中答疑时间 2 h，学生也可以在线留言。面对面辅导答疑安排在周三下午 3:00，具体安排见表 2.7。

表 2.7 辅导答疑

序号	知识点	辅导教师	辅导答疑地点
1	课程概述及学习要求	王琨、杨洁	TB406
	土木工程材料的基本性质及相关标准	王琨、杨洁	TB406
2	砂石材料的工程应用及基本知识	郭德栋、赵之仲	TB206
	石料技术性质	郭德栋、赵之仲	TB206
	集料技术性质及级配	郭德栋、赵之仲	TB206
	集料的实验	郭德栋、赵之仲	TB206
	矿质混合料	郭德栋、赵之仲	TB206
3	石灰的工程应用及技术性质	王琨、杨洁	TB406
	水泥的工程应用及技术性质	王琨、杨洁	TB406
	水泥实验	王琨、杨洁	TB406

表 2.7(续)

序号	知识点	辅导教师	辅导答疑地点
4	水泥混凝土的工程应用	赵之仲、郭德栋	TB206
	新拌水泥混凝土的工作性能	赵之仲、郭德栋	TB206
	硬化后混凝土的性质及混凝土组成材料	赵之仲、郭德栋	TB206
	混凝土的配合比设计	赵之仲、郭德栋	TB206
	混凝土实验	赵之仲、郭德栋	TB206
5	无机稳定结合料的工程应用、特点和分类	赵之仲、郭德栋	TB206
	无机结合料稳定材料的配合比设计	赵之仲、郭德栋	TB206
6	沥青及沥青混合料的工程应用	王琨、杨洁	TB406
	石油沥青的技术性质及技术标准	王琨、杨洁	TB406
	沥青混合料的技术性质及技术标准	王琨、杨洁	TB406
	沥青混合料的配合比设计(确定最佳沥青用量)	王琨、杨洁	TB406
	沥青及沥青混合料实验	王琨、杨洁	TB406
7	钢材的工程应用及基本知识	王琨、杨洁	TB406
	建筑钢材的技术性质(拉伸与冷弯等)	王琨、杨洁	TB406
	建筑钢材实验	王琨、杨洁	TB406
	建筑钢材的冷加工	王琨、杨洁	TB406

第七节　“土木工程材料”课程运行及评价

“土木工程材料”MOOC课程校内网络教学平台运行一学期，选课学生数量196人，“土木工程材料”混合式共享学分课程在东西部高校课程共享联盟智慧树网成功运行了两个学期，全国19所高校，1 420多名在校大学生选修了本课程，课程总满意率96%以上。(见图2.34和图2.35)

课程采取混合式教学模式，以在线进阶式视频来呈现课程的理论知识部分，线下课堂以实践教学为主，并采用翻转教学模式，实现知识的内化与学生能力的提升，各项教学资源建设到位，网络资源丰富，学生受益面大。(“教师圈”具体应用情况见图2.36)

主讲老师针对学习效率和综合能力方面设计了调查问卷，并对问卷的数据进行了汇总，结果显示，“土木工程材料”混合式MOOC课程在运行过程中

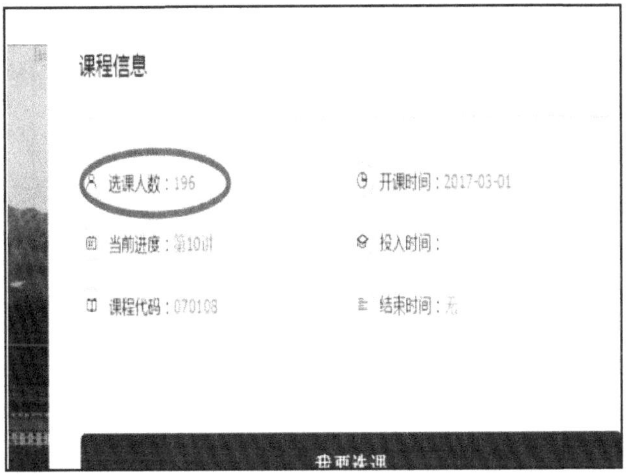

图 2.34 校内运行情况

图 2.35 智慧树网运行统计情况

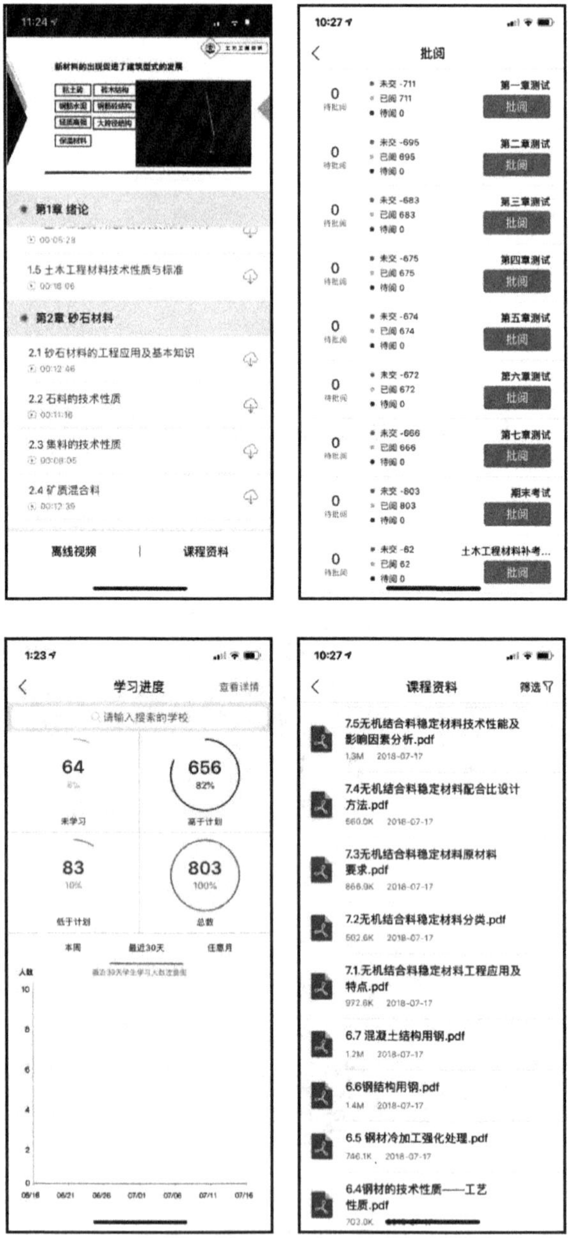

图 2.36　智慧树手机 App“教师圈”应用情况

取得了较好的效果，有利于综合能力的培养，有利于知识的掌握、提高自学能力，有利于提高学习效率。（调研情况见图 2.37）

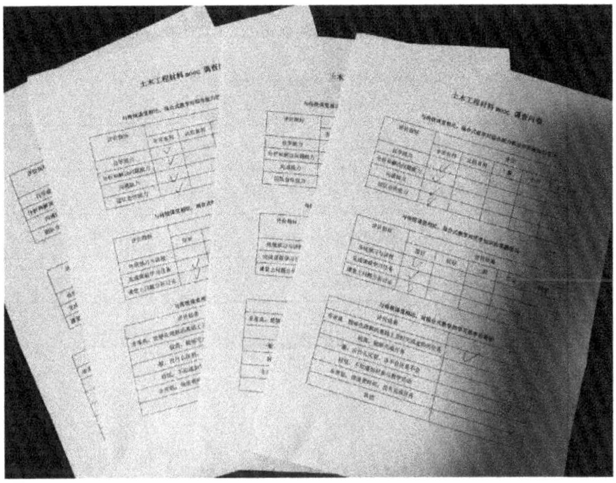

图 2.37 满意度调查

（1）有利于综合能力的培养（表 2.8）。

表 2.8 与传统课堂相比，混合式教学对综合能力的培养和提高的看法

评价指标	评价结果（人数比例）/%				
	非常有利	比较有利	一般	不利	非常不利
自学能力	60	40	0	0	0
分析和解决问题能力	65	35	0	0	0
沟通能力	60	40	0	0	0
团队合作能力	70	30	0	0	0

（2）有利于知识的掌握，提高自学能力（表 2.9）。

表 2.9 与传统课堂相比，混合式教学对所学知识的掌握情况

评价指标	评价结果（人数比例）/%				
	很好	较好	一般	较差	很差
传统预习与讲授	60	40	0	0	0
完成课前学习任务	65	25	10	0	0
课堂上问题分析讨论	60	40	0	0	0

(3) 有利于提高学习效率(表 2.10)。

表 2.10 与传统课堂相比,对混合式教学的学习效率的看法

评价结果	人数比例/%
非常高,能够在理解的基础上及时完成老师的任务	40
较高,能够完成任务	50
一般,没什么区别,该不会还是不会	10
较低,不知道如何参与教学活动	0
非常低,很浪费时间,没有完成任务	0
其他	0

第八节 作者心得

"土木工程材料"课程建设及混合式教学改革已历时 3 年,从最初的知识点划分和视频制作,大量在线教辅资料的整理、结构调整、内容修改及宣传推广,到混合式教学改革应用实践,我们的学习和体会很多。

(1) 教师必须带着一种情感和爱,感受、了解年轻学生的思想动态,把握他们的学情和学习方法的变化,因人施教、因材施教。

(2) 课堂教学要让教师与学生、学生与学生、学生与教材、学生与多媒体等辅助资源互动联系,从而使教与学达到高度和谐,实现课堂活动的快乐、高效、优质。

(3) 从传统课堂到新课堂,应改变教师观念从而改变课堂教学结构。教师的思想决定课堂教学方式,因此,改变教师思想是课堂教学改革成功的重要因素。

(4) 课程要彰显不同风格,因为不同的学科有不同的学科特点,不同的教师有不同的教学风格、不同的学习内容有不同的学习方法。一名优秀的教师应该有自己的课堂风格。

(5) 课程要有精彩的导入环节,像一位老教师说的一样,授课的开头是很重要的,课堂教学的导入环节,如同拉开的大幕,要让学生一眼就看到精美的景色;犹如乐章的序曲,要让学生一开始就受到强烈的震撼。

(6) 授课过程要有互动,互动的过程既是巩固各个知识点的过程,也是发现新问题、探究新问题、解决新问题的过程。

(7) 课程要有精练准确的检测，检测环节是为检验学习目标、验收学习效果而设计的，是课堂教学中非常重要的环节，也可以对学生的学习效果进行系统合理的评价，是教师责任心的体现。

(8) 我们要真切感受信息化课程在线授课的公开性和挑战性、学生的参与性和互动性，以及评价的挑战性和尖锐性，敞开怀抱拥抱以网络教学为辅助的混合式教学方式，也期待通过线上教学，与学界、业界、国内外的同行，共同探索更有效的教学方法。

第三章 “土木工程材料”全英文国际化教学创新与改革

第一节 全英文国际化教学模式的确定

山东交通学院自 2015 年开始招收土木工程专业国际留学生，国际化办学是山东交通学院转型发展的一大特色。笔者是第一批为留学生全英文授课的老师，主授课程有“土木工程材料”和“土木工程专业中文”，授课期间针对全英文教学做了大量工作，编写修订了“土木工程材料”的教材、实验指导书和实验报告册。

“土木工程材料”课程的全英文授课教学方法与课堂讲授，结合留学生在基础教育阶段的学习习惯和学习方法，采用了“大小双循环模式”进行授课(见图 3.1 和图 3.2)。学生在学习期间思路清晰，知识点掌握牢固，为后期专业课程的学习打下了牢固的基础。

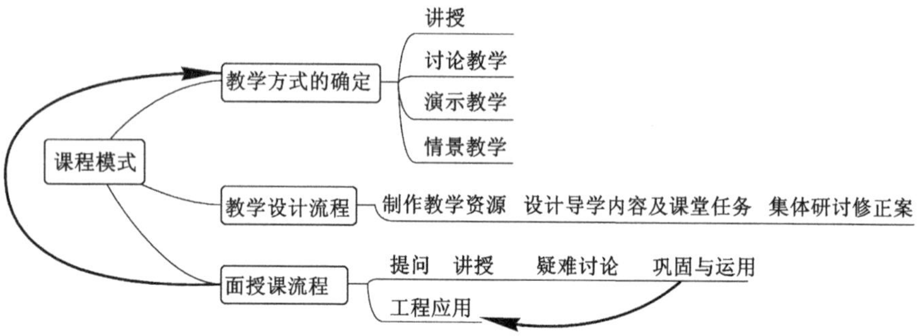

图 3.1 全英文授课教学的“双循环”模式

“大循环”是指根据教学内容确定“教学方式”、进行“教学设计”，最后进行“面授课程”的教学，根据面授具体情况，再循环回去调整和确定教学方式。

“小循环”是指单次面授课程教学从“工程应用”入手，提出“工程对材料的要求”，再引入“材料的特点、性能”和“疑难讨论”，最后返回“工程应用”。面授课期间同中文教学一样进行了课堂讨论和互动(见图 3.3)。

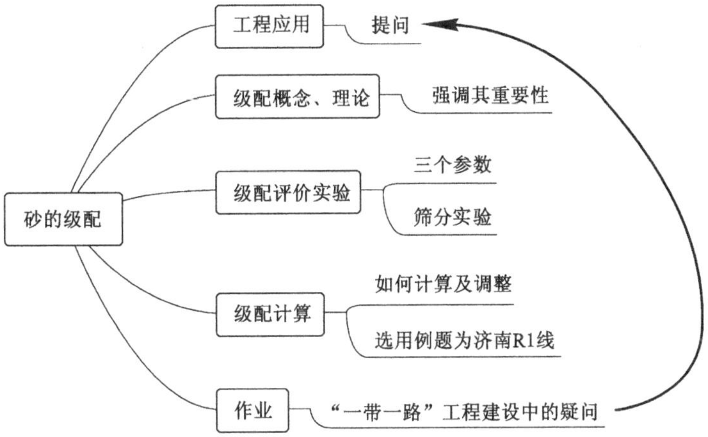

图 3.2 全英文"小循环"教学课例——砂的级配

图 3.3 课堂中留学生的互动发言

结合“土木工程材料”课程中文MOOC信息化建设，全英文教学录制也做了大量的工作。2017年底完成了本课程的英文教材讲义、实验大纲、实验指导书的撰写工作。

结合“土木工程材料”英文知识点的划分录制了140 min(16集)的全英文授课视频，该视频已经应用于留学生的教学，得到一致好评。目前视频已被人民交通出版社收录(见图3.4)。

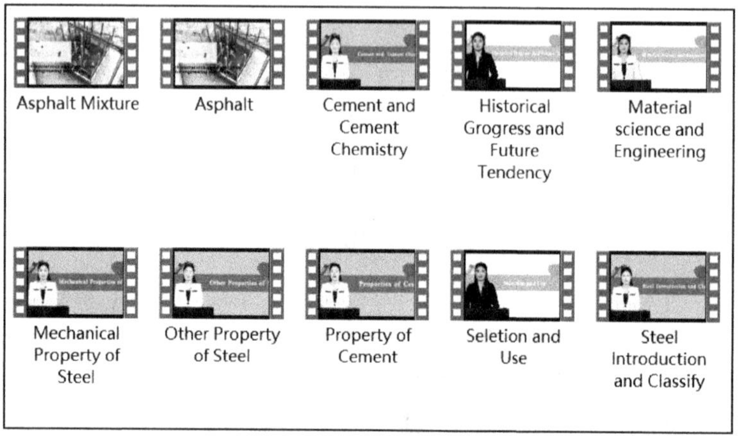

图3.4　全英文部分教学视频

第二节　“土木工程材料”全英文知识点划分

知识点划分见表3.1。

表3.1　全英文知识点的划分

1 Introduction
2 Lime and cement
2.1 Engineering application of lime and cement
2.2 Lime
2.3 Cement
★2.4 Cement test
3 Sand stone material
3.1 Engineering application of sand and gravel materials

表 3.1(续)

3.2 Classification of sand and gravel materials
3.3 Technical properties of sand and gravel materials
3.4 Composition design of mineral mixture
★3.5 Coarse and fine aggregate test
4 Cement concrete and mortar
4.1 Engineering application of cement concrete
4.2 Technical properties of cement concrete
4.3 Raw materials for cement concrete
4.4 Mixing ratio design of cement concrete
★4.5 Cement concrete test
5 Asphalt and asphalt mixture
5.1 Engineering application of asphalt and asphalt mixture
5.2 Petroleum asphalt
5.3 Emulsified asphalt and modified asphalt
5.4 Overview of asphalt mixture
5.5 Hot mix asphalt mixture
5.6 Other asphalt mixtures
★5.7 Asphalt and asphalt mixture test
6 Construction steel
6.1 Engineering application of building steel
6.2 Classification of steel
6.3 Technical properties of construction steel
6.4 Cold working and heat treatment of construction steel
6.5 Corrosion and protection of steel
6.6 Common steel for civil engineering
★6.7 Rebar test

第三节 “土木工程材料”全英文课件节选示例

土木工程材料英文课件共分为 6 个章节，包括绪论、石灰与水泥、水泥混凝土、沥青与沥青混合料、建筑钢材等，共计 600 多页。目前所有全英文课件也被人民交通出版社收录(见图 3.5)。

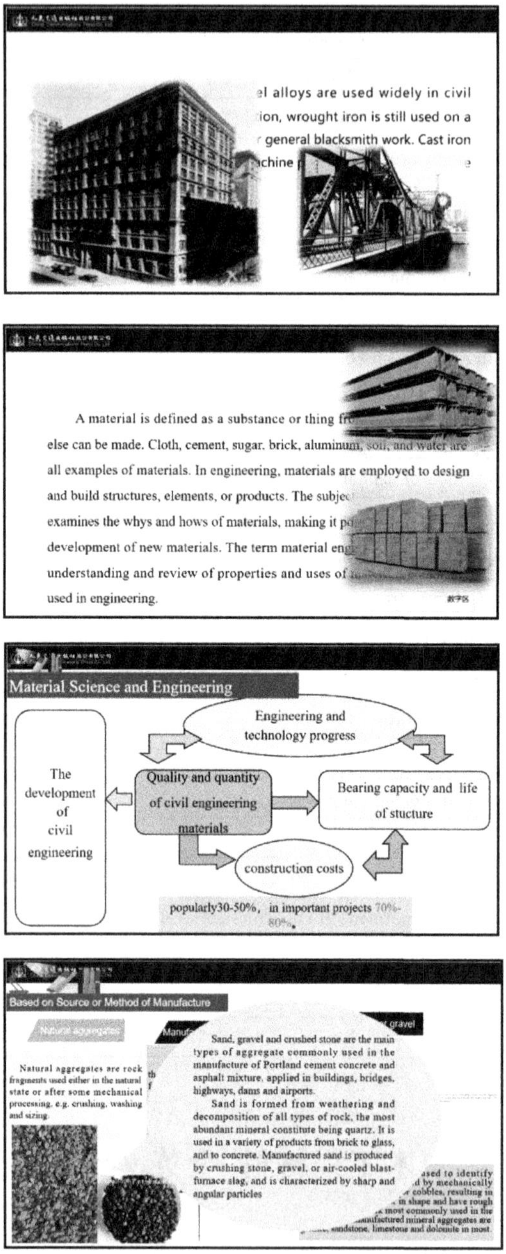

el alloys are used widely in civil
ion, wrought iron is still used on a
general blacksmith work. Cast iron
chine
A material is defined as a substance or thing fr
else can be made. Cloth, cement, sugar, brick, aluminum, soil, and water are
all examples of materials. In engineering, materials are employed to design
and build structures, elements, or products. The subjec
examines the whys and hows of materials, making it p
development of new materials. The term material eng
understanding and review of properties and uses of
used in engineering.
Material Science and Engineering
Engineering and technology progress
The development of civil engineering
Quality and quantity of civil engineering materials
Bearing capacity and life of stucture
construction costs
popularly30-50%, in important projects 70%-80%。
Based on Source or Method of Manufacture
Natural aggregates are rock fragments used either in the natural state or after some mechanical processing, e.g. crushing, washing and sizing.
Sand, gravel and crushed stone are the main types of aggregate commonly used in the manufacture of Portland cement concrete and asphalt mixture, applied in buildings, bridges, highways, dams and airports.
Sand is formed from weathering and decomposition of all types of rock, the most abundant mineral constitute being quartz. It is used in a variety of products from brick to glass, and to concrete. Manufactured sand is produced by crushing stone, gravel, or air-cooled blast-furnace slag, and is characterized by sharp and angular particles

图 3.5　全英文课件节选

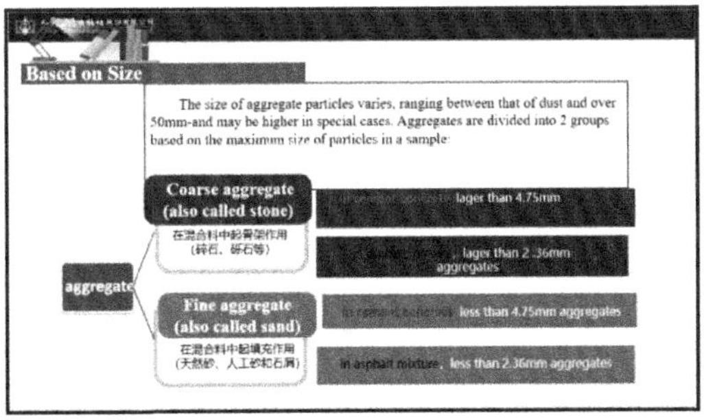

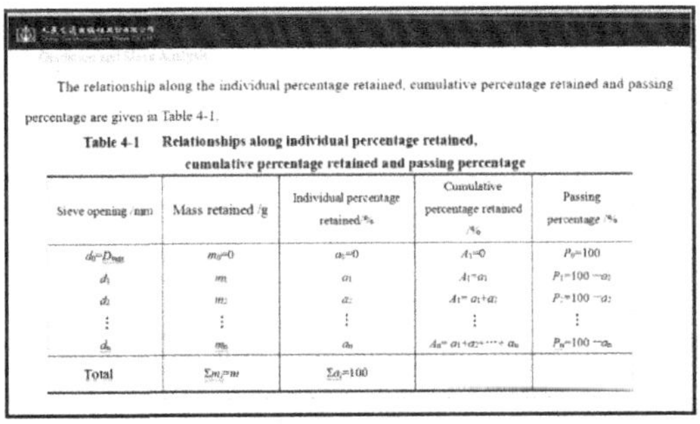

The relationship along the individual percentage retained, cumulative percentage retained and passing percentage are given in Table 4-1.

Table 4-1 Relationships along individual percentage retained, cumulative percentage retained and passing percentage

Sieve opening /mm	Mass retained /g	Individual percentage retained/%	Cumulative percentage retained /%	Passing percentage /%
$d_0=D_{max}$	$m_0=0$	$a_0=0$	$A_0=0$	$P_0=100$
d_1	m_1	a_1	$A_1=a_1$	$P_1=100-a_1$
d_2	m_2	a_2	$A_2=a_1+a_2$	$P_2=100-a_2$
⋮	⋮	⋮	⋮	⋮
d_n	m_n	a_n	$A_n=a_1+a_2+\cdots+a_n$	$P_n=100-a_n$
Total	$\Sigma m_i=m$	$\Sigma a_i=100$		

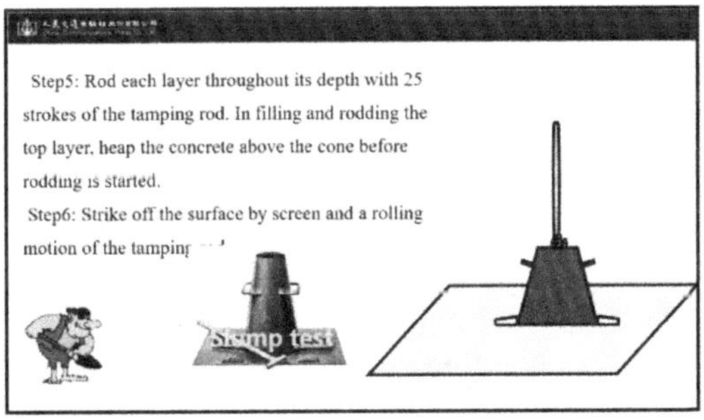

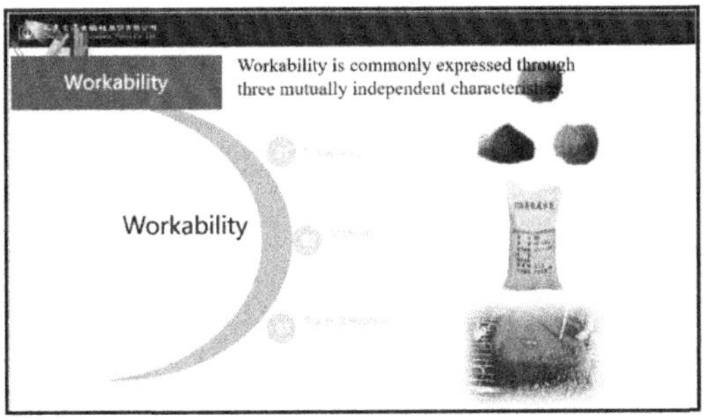

图 3.5(续)

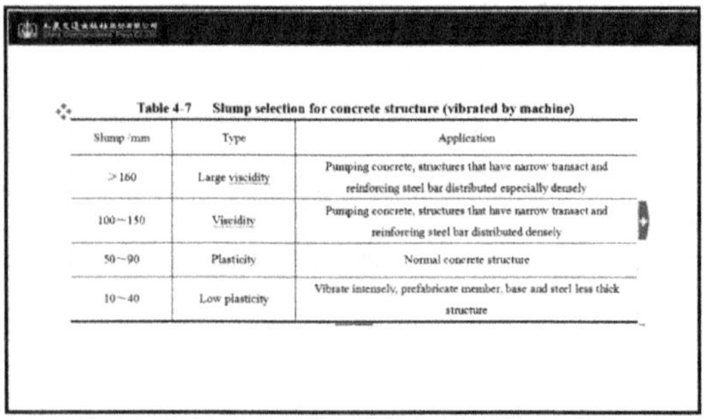

Table 4-7 Slump selection for concrete structure (vibrated by machine)

Slump /mm	Type	Application
>160	Large viscidity	Pumping concrete, structures that have narrow transact and reinforcing steel bar distributed especially densely
100~150	Viscidity	Pumping concrete, structures that have narrow transact and reinforcing steel bar distributed densely
50~90	Plasticity	Normal concrete structure
10~40	Low plasticity	Vibrate intensely, prefabricate member, base and steel less thick structure

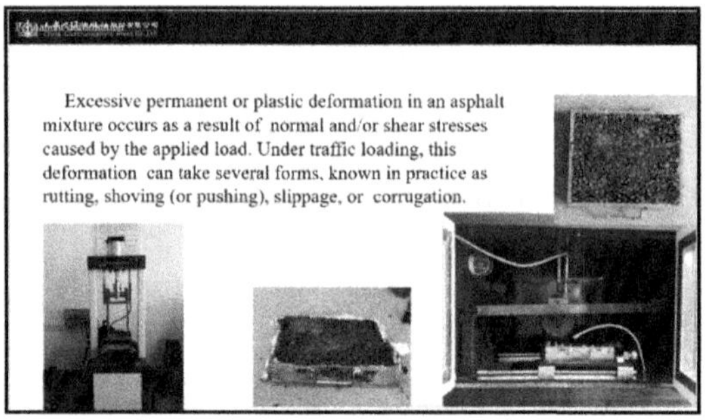

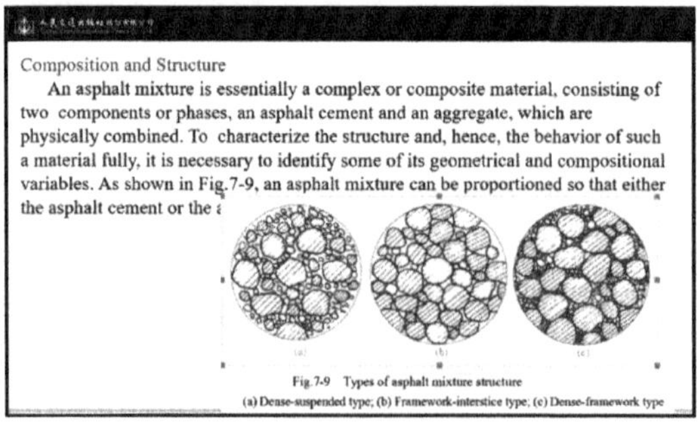

图 3.5(续)

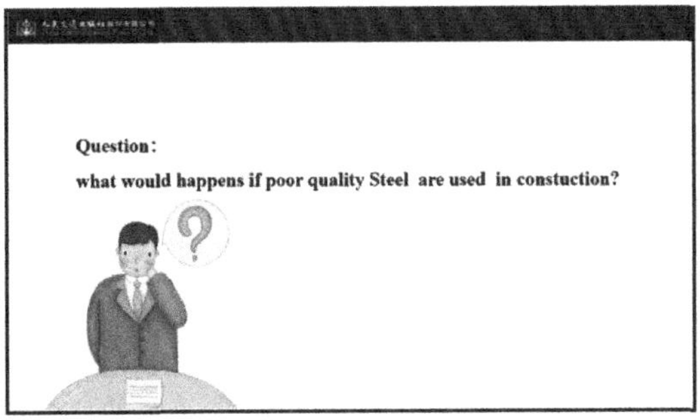
Question:
what would happens if poor quality Steel are used in constuction?

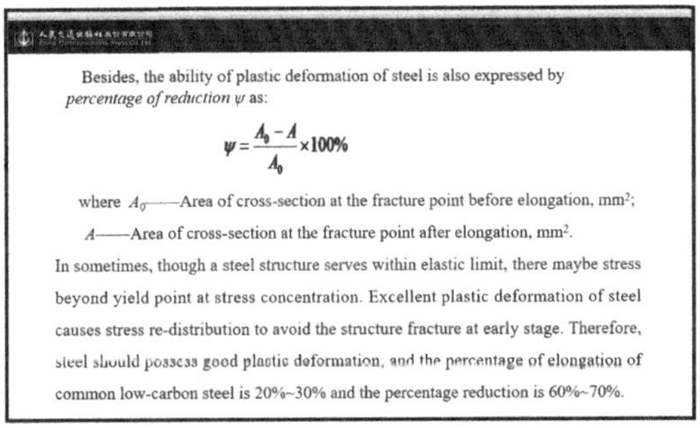
Besides, the ability of plastic deformation of steel is also expressed by *percentage of reduction* ψ as:
$\psi = \frac{A_0 - A}{A_0} \times 100\%$
where A_0——Area of cross-section at the fracture point before elongation, mm^2;
A——Area of cross-section at the fracture point after elongation, mm^2.
In sometimes, though a steel structure serves within elastic limit, there maybe stress beyond yield point at stress concentration. Excellent plastic deformation of steel causes stress re-distribution to avoid the structure fracture at early stage. Therefore, steel should possess good plastic deformation, and the percentage of elongation of common low-carbon steel is 20%~30% and the percentage reduction is 60%~70%.

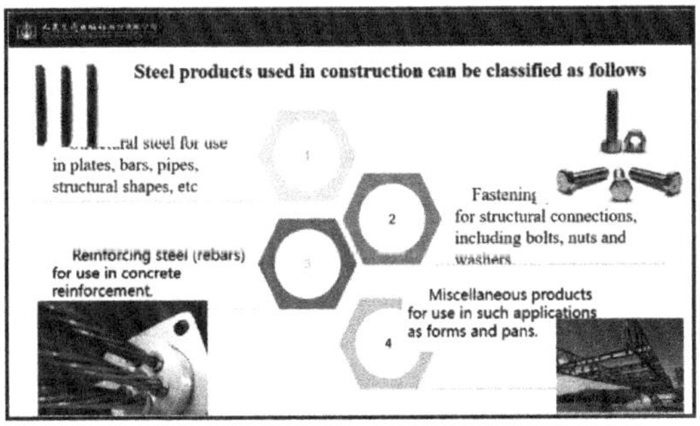
Steel products used in construction can be classified as follows
in plates, bars, pipes, structural shapes, etc
Fastening
for structural connections, including bolts, nuts and washers
Reinforcing steel (rebars) for use in concrete reinforcement.
Miscellaneous products for use in such applications as forms and pans.

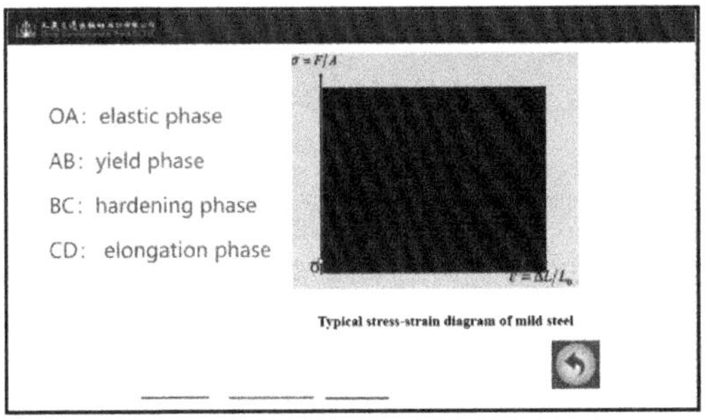
OA: elastic phase
AB: yield phase
BC: hardening phase
CD: elongation phase
Typical stress-strain diagram of mild steel

图 3.5(续)

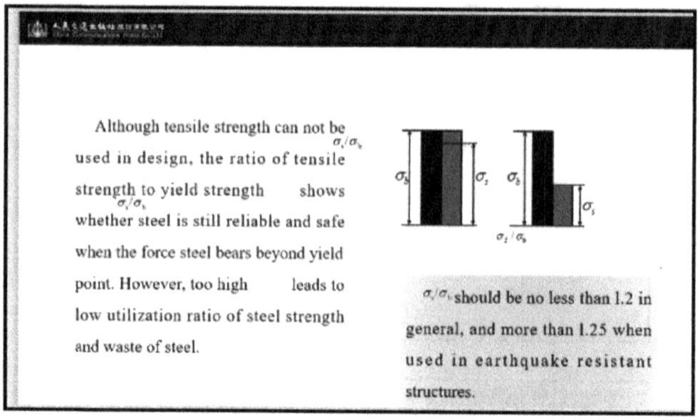
Although tensile strength can not be used in design, the ratio of tensile strength to yield strength σ_s/σ_b shows whether steel is still reliable and safe when the force steel bears beyond yield point. However, too high σ_s/σ_b leads to low utilization ratio of steel strength and waste of steel.
σ_b
σ_s
σ_b
σ_s
σ_s/σ_b
σ_s/σ_b should be no less than 1.2 in general, and more than 1.25 when used in earthquake resistant structures.

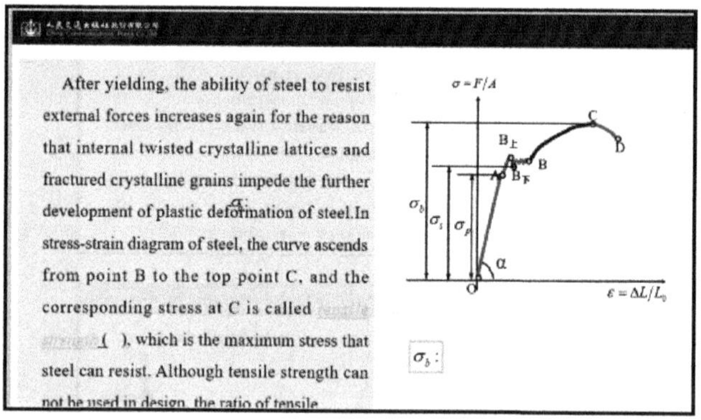
After yielding, the ability of steel to resist external forces increases again for the reason that internal twisted crystalline lattices and fractured crystalline grains impede the further development of plastic deformation of steel. In stress-strain diagram of steel, the curve ascends from point B to the top point C, and the corresponding stress at C is called tensile strength ( ), which is the maximum stress that steel can resist. Although tensile strength can not be used in design, the ratio of tensile
$\sigma = F/A$
C
B上
B
B下
D
σ_b
σ_s
σ_p
α
O
$\varepsilon = \Delta L/L_0$
σ_b:

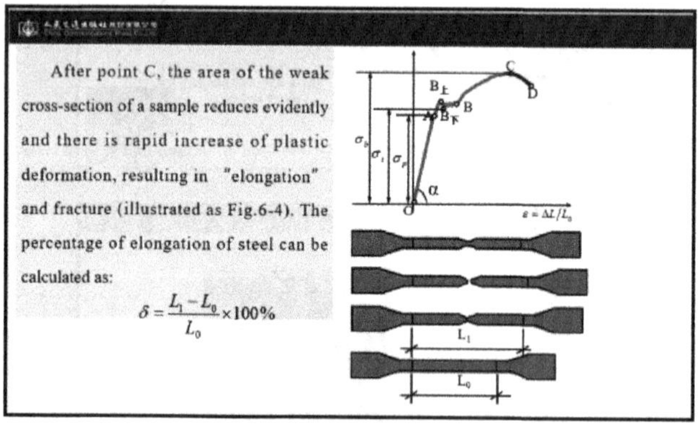
After point C, the area of the weak cross-section of a sample reduces evidently and there is rapid increase of plastic deformation, resulting in "elongation" and fracture (illustrated as Fig.6-4). The percentage of elongation of steel can be calculated as:
$\delta = \frac{L_1 - L_0}{L_0} \times 100\%$
C
B上
B
B下
D
σ_b
σ_s
σ_p
α
O
$\varepsilon = \Delta L/L_0$
L_1
L_0

图 3.5(续)

第四节 “土木工程材料”英文教材节选示例

CHAPTER 2 Aggregates

2.1 Introduction

Mineral aggregates are the predominant civil engineering material in terms of volume of use. They are used-alone (in road bases and various types of fill) and with cementing matrices (such as Portland cement or asphalt mixture) to form composite materials or concretes. We are most interested in the use of aggregates as a component of Portland cement concrete and asphalt mixture, and this will form the basis of this discuss in this chapter. Mineral aggregates constitute about 70%～80% by volume of Portland cement concretes and 90% or more of asphalt mixtures. As a consequence, aggregate characteristics have a direct influence on many of the properties of these concretes.

Although aggregates are available at relatively low costs in most locals around the globe, availability is not universal. Some areas may be devoid of good quality sand and gravel, and a few others lack sources of crushed stone or rocks that can be mined easily and economically. Furthermore, aggregates available locally may be unsuitable for use in construction due to poor quality, potential for chemical reaction, or low strength.

Open-pit mining and quarrying are the two practices commonly used to extract aggregates from the parent rock. After drilling and blasting, the broken rocks are extracted with power shovels, bulldozers and draglines, and are then transported to processing facilities on trucks or conveyors. The processing may involve primary and secondary crushing, following which the particles will be sorted to size. Silt and clay impurities are removed by washing, and finally the aggregate is blended to specified proportions of particles of various sizes.

Aggregates can be divided into several types based on the type of rock from which they are derived, the method of manufacture, the size, or the density.

2.2 Classification

2.2.1 Based on source or method of manufacture

Natural aggregates are rock fragments used either in the natural state or after some mechanical processing, e.g. crushing, washing and sizing.

Manufactured aggregates are the aggregates produced from crushing and processing of quarried stone.

Sand, gravel and crushed stone are the main types of aggregate commonly used in the manufacture of Portland cement concrete and asphalt mixture, applied in buildings, bridges, highways, dams and airports.

Sand is formed from weathering and decomposition of all types of rock, the most abundant mineral constitute being quartz. It is used in a variety of products from brick to glass, and to concrete. Manufactured sand is produced by crushing stone, gravel, or air-cooled blast-furnace slag, and is characterized by sharp and angular particles

Gravel or river gravel consists of materials with round and smooth edges. In natural deposits around lakebeds, glaciated areas and adjacent to streams, gravel can be seen as the predominant deposit, typically layered with sand. These deposits are produced by erosion of mountainous bedrock and surface materials, and following transportation and abrasion, are finally deposited around the banks of rivers. The principal agent responsible for transport, obviously, is water or ice, and the deposition is the result of change in topography and gradient along the course of voyage.

Crushed stone is the term used to identify aggregates that are obtained by mechanically crushing rocks, boulders, or cobbles, resulting in particles that are angular in shape and have rough surface texture. Rock most commonly used in the production of manufactured mineral aggregates are granite, sandstone, limestone and dolomite in most.

In addition, aggregates can also be produced by crushing waste concrete and clay bricks, as an economical alternative when good quality mineral aggregates are scarce or expensive.

2.2.2 Based on size

The size of aggregate particles varies, ranging between that of dust and over 50 mm-and may be higher in special cases. Aggregates are divided into 2 groups based on the maximum size of particles in a sample:

Fine aggregate (also called sand) consists of natural or manufactured particles ranging in size from 150 μm to 4.75 mm. In China, when used in cement concrete, aggregates with the size of particles less than 5 mm are called fine aggregates, while aggregates with the size of particles larger than 5 mm are called coarse aggregates. When used in asphalt mixture, the demarcation size is 2.36 mm.

Coarse aggregate (also called stone) consists of rounded river gravel, crushed stone or manufactured aggregate with particles of size equal to or larger than 4.75 mm.

2.3 Gradation and ingredient proportion design of aggregates

2.3.1 Gradation and sieve analysis

When designing the mix proportions of concrete, a major goal is to achieve a maximum density with a minimum amount of paste, to attain the desired quality and strength. An aggregate in which all the particles are of the same size will have more voids and need more binder to mix them together, which will affect several characteristics of concrete such as mix proportioning, workability, economy, porosity, durability and shrinkage. In the manufacture of Portland cement concrete and asphalt mixture, fine and coarse aggregates are made up of particles of various sizes, big, medium and fine to produce a mix with low void content, thus requiring a minimum quantity of binder.

Gradation (also called particle-size distribution or grain-size distribution) refers to the proportions by mass or weight of aggregate particles distributed in special particle-size ranges. Gradation refers not only to individual aggregates-fine or coarse, but also to the combined or mixed aggregates-fine and coarse mixed together.

Sieve analysis procedures(for fine aggregate as an example):

Step 1: Dry the sample to constant weight at a temperature of about 110 ℃.

Step 2: Weight the dry sample, the empty sieves and the pan.

Step 3: Nest the suitable sieves in order of decreasing size of opening from top to bottom and place the pan at the bottom of the set.

Gradation of aggregates is determined fromsieve analysis, in which a representative sample of the aggregate is passed through a series of standard sieves and the weight retained in each sieve-expressed as a percentage of the sample weight-is compared with the grading limits specified. The sieves for coarse aggregates as an example are shown in Fig. 2. 1.

Fig. 2. 1 Sieves for coarse aggregates

Step 4: Place the sample on the top of sieve.

Step 5: Place the lid and agitate the sieves in the mechanical shaker for about 10 min.

Step 6: Weight the sieves with the material retained. Determine the weight retained in each sieve. The total weight of the material after sieving should check closely with the original weight of the sample. If the amount differs by more than 0. 3 percent (based on the original weight), the results should not be used.

Step 7: Calculate the individual percentage retained, cumulative percentage retained and passing percentages.

Step 8: Draw the gradation curve.

Gradation of aggregate can be indicated as the individual percentage retained, cumulative percentage retained and passing percentage, which are defined and calculated as the follows.

Individual percentage retained is defined as the mass percentage of the retained mass on each sieve to the total mass of aggregate sample:

$$a_i = \frac{m_i}{M} \times 100 \tag{2.1}$$

Where a_i—Individual percentage retained on the ith sieve, %;

m_i—The retained mass on the ith sieve, g;

M—The total mass of aggregate sample, g.

Cumulative percentage retained (A_i) means the individual percentage retained of certain sieve plus all individual percentage retained coarser than this sieve:

$$A_i = a_1 + a_2 + \cdots + a_i = \sum a_j, j = 1,2,\cdots,i \tag{2.2}$$

Where A_i—Cumulative percentage retained of the ith sieve, %;

a_1, a_2, $\cdots$, a_i—Individual sieve percentage on each sieve, %.

And the passing percentage is the mass percentage of passing (finer than) certain sieve to the total mass of aggregate sample:

$$P_i = 100 - A_i \tag{2.3}$$

Where A_i—Cumulative percentage retained of the ith sieve, %;

P_i—Passing percentage, %.

The relationship along the individual percentage retained, cumulative percentage retained and passing percentage are given in Table 2.1.

Table 2.1 Relationships along individual percentage retained, cumulative percentage retained and passing percentage

Sieve opening /mm	Mass retained /g	Individual percentage retained/%	Cumulative percentage retained/%	Passing percentage /%
$d_0 = D_{max}$	$m_0 = 0$	$a_0 = 0$	$A_0 = 0$	$P_0 = 100$
d_1	m_1	a_1	$A_1 = a_1$	$P_1 = 100 - a_1$
d_2	m_2	a_2	$A_1 = a_1 + a_2$	$P_2 = 100 - a_2$
$\vdots$	$\vdots$	$\vdots$	$\vdots$	$\vdots$
d_n	m_n	a_n	$A_n = a_1 + a_2 + \cdots + a_n$	$P_n = 100 - a_n$
Total	$\sum m_i = m$	$\sum a_i = 100$		

Besides, the sieve analysis results can also be recorded by graphic method with the opening size of sieves as x-axis and the passing percentage (or cumulative percentage retained) as y-axis, illustrated as Fig. 2. 2.

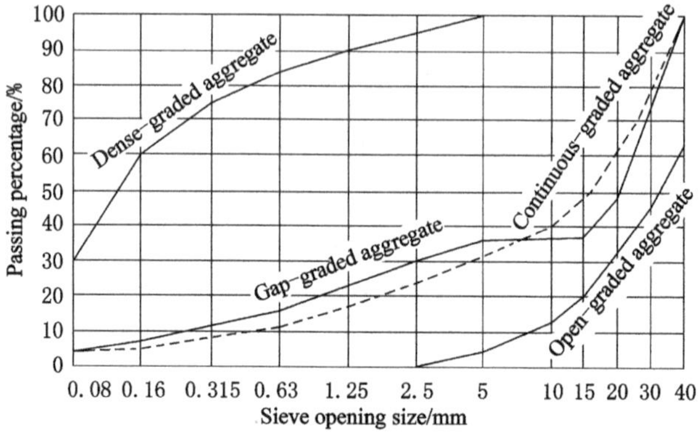

Fig. 2. 2 Schematic diagram for gradation curves of aggregates

As shown in Fig. 2. 2, there are generally four types of gradation curve:

(1) Continuous-graded aggregate: an aggregate that has the particle distribution on each sieve from the large to the small.

(2) Gap-graded aggregate: an aggregate in which one or more intermediate sizes are missing.

(3) Dense-graded aggregate: an aggregate with a particle-size distribution that results in the least voids or lowest void content.

(4) Open-graded aggregate: an aggregate with a particle-size distribution that results in relatively large voids or void content.

2.3.2 Fineness modulus of fine aggregates

In addition to the graphical representation of particles-she distribution, sieve analysis is also used to calculate a factor called fineness modulus. Fineness modulus is a number obtained by adding the values of the percentages coarser than each full sieve in the set, and diving the sum by 100.

$$\mu_f = \frac{\sum A_i}{100} \tag{2.4}$$

Where A_i—The cumulative percentage retained of the ith sieve.

For fine aggregates used in asphalt mixture, the fineness modulus can be calculated as:

$$\mu_f = \frac{A_{0.15} + A_{0.3} + A_{0.6} + A_{1.2} + A_{2.36} + A_{4.75}}{100} \tag{2.5}$$

And for fine aggregates used in cement concrete, it can be calculated as:

$$\mu_f = \frac{A_{0.16} + A_{0.315} + A_{0.63} + A_{1.25} + A_{2.5} - 5A_{5.0}}{100 - A_{5.0}} \tag{2.6}$$

The fineness modulus of aggregate is generally between 2.0 to 4.0, rounded off to a single digit after the decimal point. When correlated with the gradation chart, fineness modulus proves to be less informative, however it is useful as an indicator of the average size of a sample-and the fineness modulus of fine aggregate is a property essential for the mix design of concrete. A lower fineness modulus of fine aggregate, denoted by a smaller number, indicates a larger percentage of finer materials (generally, fine sand); similarly, a high number means fewer finer particles or plenty of coarser particles (generally coarse sand). If, in a construction project, the fineness modulus of sand varies slightly between shipments, it may not affect the mix proportioning and quality of concrete. But when the fineness modulus fluctuates drastically—such as from 2.2 to 2.6—the consistency, placement, and quality of concrete will be affected. The fineness modulus of sand in concrete manufacture may lie between 2.2 and 3.2.

2.3.3 Maximum size of coarse aggregates

The maximum size of coarse aggregate is defined as the smallest sieve opening through which the entire sample pass. In practice, it is common to use a nominal maximum size, which is the smallest sieve opening through which most (95 percent) of the particles pass. For instance, 25 mm of (nominal) maximum size aggregate has about 95 percent of the particles (by weight) passing through the 25 mm sieve.

An overly large aggregate may produce nonuniform concrete. The choice of a maximum size depends on the type of job, for examples:

(1) Reinforced concrete construction: not be larger than three-fourths of the minimum clear distance between the bars.

(2) ACI code: not be larger than one-fifths of the narrowest dimension of a concrete member.

(3) Slab-on-grade: not be larger than one-third the thickness of the slab.

2.4 Ingredient proportion design of aggregates

In general, it is uneasy for the gradation of natural or manufactured aggregates to meet the requirements of certain gradation limits. No less than two kinds of aggregates can be adopted in proportion to mix a qualified aggregate, which is called the ingredient proportion design of aggregates.

Graphic method

Revised balance area method is the most commonly used graphic method to design the ingredient proportions of aggregates, which is quite convenient for mixing more than 3 aggregates into the blended aggregate.

1. Select the coordinates for gradation curves

In general, semi-logarithm coordinate is adopted to draw the gradation curve, that is, y-axis, the passing percentage (P_i), is the conventional arithmetic coordinate; and x-axis, the particle size(d_i) is the logarithm coordinate (as shown in Fig. 2.3 and Table 2.2). The drawn gradation medium line is a curve based on the ideal curve $P_i = (d_i/D)^n$ of maximum loose density theory, the gradation medium line should be a straight line for the purpose of convenience. Therefore, with conventional arithmetic coordinate adopted as y-axis (the passing percentage P_i) and $(d_i/D)^n$ adopted as x-axis (the particle size d_i), the gradation medium line is rightly a straight line.

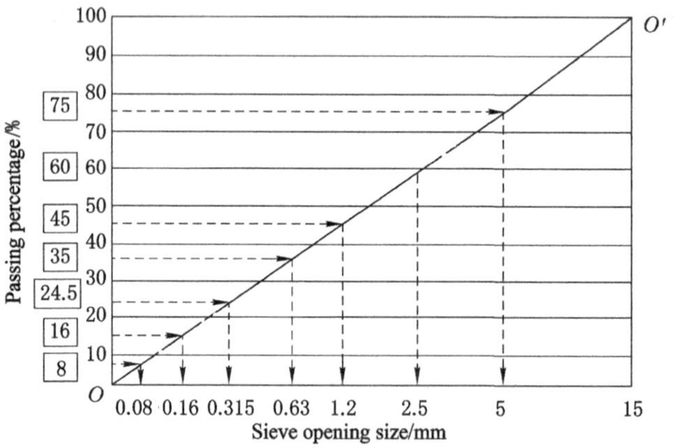

Fig. 2.3 Gradation curve coordinates

Table 2.2 Gradation limits and median

	Sieve opening size/mm							
	15	5	2.5	1.2	0.63	0.315	0.16	0.08
Gradation limits	100	70~80	52~68	30~60	22~48	16~33	11~21	6~10
Gradation	100	75	60	45	35	24.5	16	8

2. Calculate every aggregate content

Draw the gradation curves of all aggregates *A*, *B*, *C* and *D* on the coordinate graph, as shown in Fig. 2.4. According to the overlap, contact or separate status of the two adjacent gradation curves, draw vertical line respectively.

(1) When the two adjacent gradation curves overlap each other, the sum of the passing percentages of these two aggregates at the points of vertical line should be 100%, shown as AA' in Fig. 2.4.

(2) When the two adjacent gradation curves contact, directly link the two gradation curves from the beginning to the end points, shown as BB' in Fig. 2.4.

(3) When the two adjacent gradation curves separate, draw the vertical bisector of the horizontal line from the beginning to the end points between the two adjacent gradation curves, as CC' shown in Fig. 2.4.

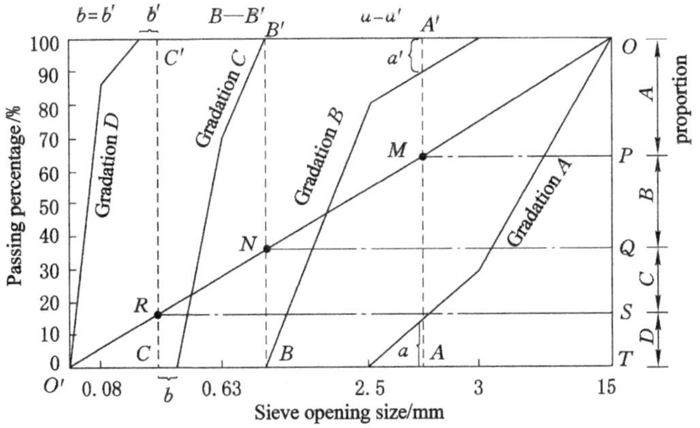

Fig. 2.4 Gradation curves of original aggregates and blended aggregate

All vertical lines intersect the gradation medium line OO' at M, N and R. Then draw the horizontal lines from M, N and R, intersect y-axis at P, Q and S individually. Therefore, OP, PQ, QS and ST stand for the proportions X, Y, Z and W of aggregates A, B, C and D in the blended aggregate respectively.

The calculation procedures of revised balance area method are repeated as the following.

1. Draw gradation curves

Firstly, draw a rectangle frame and link the diagonal OO' (as shown in Fig. 2. 4) as the radation medium value of the blended aggregate. Mark the passing percentages (0～100%) on y-axis of arithmetic coordinate. Then calculate the medium values of passing percentages of the required gradation limits. According to the required passing percentage of each sieve for the gradation medium values of the blended aggregate, draw parallel lines from y-axis to intersect the diagonal, and draw vertical lines from the points of intersection to intersect x-axis, and their points of intersection are rightly the corresponding positions of all sieve openings on the x-axis for the gradation medium values.

2. Determine the ingredient proportion of each aggregate

Draw the gradation curve of each aggregate on the coordinate graph, as shown in Fig. 2. 4, and based on the overlap, contact or separate status of the two adjacent gradation curves, determine the ingredient proportion of each aggregate as follows:

Firstly, when the two adjacent gradation curves overlap each other, such as curve A and curve B, draw a vertical line AA' within the overlap section to make sure that $a=a'$, then from the point of intersection M of the vertical line AA' and the diagonal line OO', draw a horizontal line to intersect x-axis at point P. Line OP is the proportion of aggregate A.

Secondly, when the two adjacent gradation curves contact, such as curve B and curve C, link the end of gradation curve of aggregate B and the beginning of gradation curve of aggregate C to form line BB', then from the point of intersection N of the vertical line BB' and the diagonal line OO', draw a horizontal line to intersect y-axis at point Q. Line PQ is the proportion of aggregate B.

Thirdly, when the two adjacent gradation curves separate, such as curve C and curve D, draw a vertical line CC' to divide equally the separation distance, i. e. $b=b'$; then from the point of intersection R of the vertical line CC' and the diagonal line OO', draw a horizontal line to intersect x-axis at point S. Line QS is the proportion of aggregate C.

Finally, the surplus section ST is the proportion of aggregate D.

3. Check

The ingredient proportion of each aggregate calculated from the graphic method must be checked by sieve test until the gradation of the blended aggregate meets the restrictions. If it is outside of the required gradation limits, adjust the proportions of all aggregates.

Besides, the check can also be accomplished by calculating the composite gradation of blended aggregate, as shown in Table 2. 3 as an example on the following grounds, listed in Table 2. 3.

Table 2. 3 Gradation of blended aggregate required by the standard

	Sieve opening size/mm										
	19. 0	16. 0	13. 2	9. 5	4. 75	2. 36	1. 18	0. 6	0. 3	0. 15	0. 075
	Passing percentage/%										
Gradation limits	100	95～100	75～90	58～78	42～63	32～50	22～37	16～28	11～21	7～15	4～8
Gradation median	100	97. 5	82. 5	68	52. 5	41. 0	29. 5	22	16	11	6

And the mix proportions of blended aggregate has been obtained by the graphic method as crushed stone : sand : mineral powder = 61% : 29% : 10%.

The numbers in ( ) in Table 2. 4 stand for the results after adjusting the original proportions calculated through graphic method, and it can be seen the adjusted gradation is qualified and the final proportions are:

Crushed stone : sand : mineral powder=63% : 30% : 7%.

Table 2.4 Adjustment of gradation of blended aggregate

		Sieve opening size/mm										
		19.0	16.0	13.2	9.5	4.75	2.36	1.18	0.6	0.3	0.15	0.075
		Passing percentage/%										
Original gradation of the ingredients	Stone	100	95	84	63	28	8	2	1	0	0	0
	Sand	100	100	100	100	100	100	90	60	35	10	1
	Mineral powder	100	100	100	100	100	100	100	100	100	97	88
Gradation of the ingredients in blended aggregate	Stone 61% (63%)	61 (63)	57.9 (59.9)	51.2 (52.9)	38.4 (39.7)	17.1 (15.8)	4.9 (5.0)	1.2 (1.3)	0.6 (0.6)	0 (0)	0 (0)	0 (0)
	Sand 29% (30%)	29 (30)	29 (30)	29 (30)	29 (30)	29 (30)	29 (30)	26.1 (27.0)	17.4 (18.0)	10.2 (10.5)	2.9 (3.0)	0.2 (0.3)
	Mineral powder 10% (7%)	10 (7)	10 (7)	10 (7)	10 (7)	10 (7)	10 (7)	10 (7)	10 (7)	10 (7)	9.7 (6.8)	8.8 (6.2)

第五节　全英文实验教学

全英文实验教学包含细集料筛分、表观密度及推挤密度实验、钢筋拉伸和冷弯性能实验、水泥细度与胶砂强度实验、水泥混凝土工作性能与强度实验，沥青三大指标实验、沥青混合料马歇尔实验等，共计 14 课时(见图 3.6)。主要教学思路是课堂讲授→现场演示→学生操作→指导答疑。实验结束后一周提交实验报告，计入总评成绩，实验成绩占总成绩的 20%。

图 3.6　实验课授课情况

图 3.6(续)

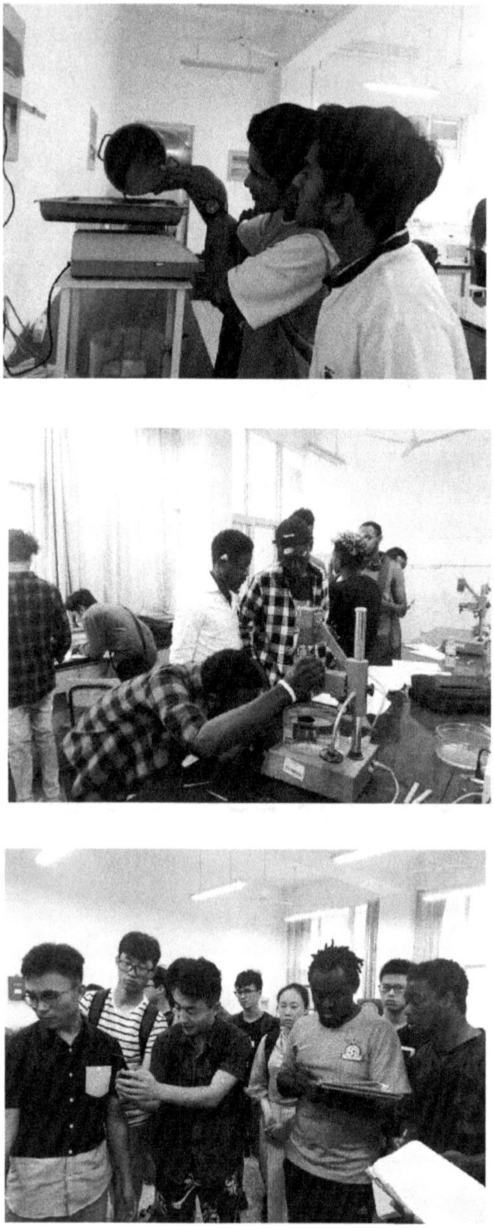

图 3.6(续)

图 3.6(续)

图 3.6(续)

一、全英文实验指导书(节选)

Civil Engineering Material Test Instruction

Experiment 1 Test of steel

A. Steel tensile test

Ⅰ. Test purpose

The determination of low carbon steel yield strength, tensile strength and elongation. Then observe the changes of tension and deformation between, to determine the relationship between the stress and strain curve, to assess the strength of the steel grade.

Ⅱ. The main equipment

(1) Testing machine to guarantee the accuracy of the machine safety

test, should choose a suitable range to ensure maximum load when the pointer is located in the third quadrant. Testing machine load is not more than 1% of error.

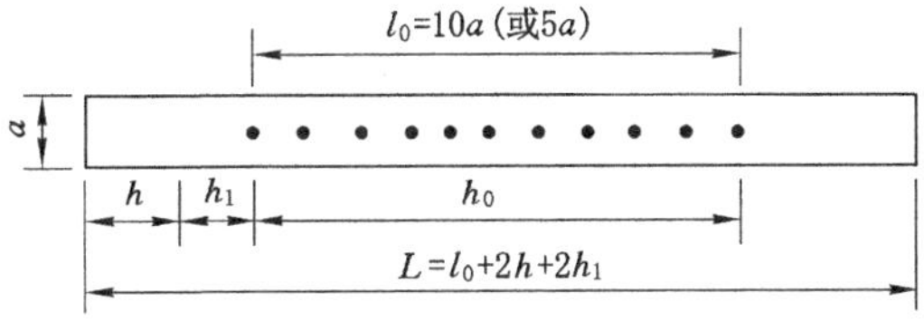

(2) The vernier caliper accuracy to 0.1 mm.

Reinforced the nominal cross-sectional area

Nominal diameter /mm	Nominal cross section /mm^2	Nominal diameter /mm	Nominal cross section /mm^2
8	50.27	22	380.1
10	78.54	25	490.9
12	113.1	28	615.8
14	153.9	32	804.2
16	201.1	36	1 080.0
18	254.5	40	1 257.0
20	314.2	50	1 964.0

Ⅲ. The test steps

(1) The production and preparation tensile test specimens may be undertaken with reinforced specimen turning processing, can use small impact point or two or a series of uniform fine line marked original range, measuring gauge length, and the steel bar intensity calculated using cross-sectional area using the nominal cross-sectional area listed in table.

Yield strength and tensile strength measurement steps are as follows:

1) Adjust strength tester test set pointer, aim at zero, and strike a pointer, and the main pointer overlap.

2) Fix the specimen on testing machine chuck, stretch to start the machine.

3) In the tensile, strength measuring plate when the pointer stops

rotating the constant load, or when turning, the minimum load for the first time, is the desires of the yield point load F_s, according to the type (6.4) to calculate the yield point of the specimens.

$$\sigma_s = F_s / A \tag{6.4}$$

Where σ_s—the yield point, MPa;

F_s—yield point load, N;

A—the nominal cross-sectional area of the specimens, mm^2.

Accuracy: when>1 000 MPa, shall be calculated to 10 MPa; For 200～1 000 MPa, calculated to 5 MPa; <200 MPa, the decimal numbers according to the "four and six into five single method". to the specimen continuous load until the snap, by measuring strength plate read maximum load, according to the type (6.5) calculate the tensile strength of the specimens.

$$\sigma_b = F_b / A \tag{6.5}$$

Where σ_b—tensile strength, MPa;

F_b—maximum load, N;

A—the nominal cross-sectional area of the specimens, mm^2.

σ_b calculation accuracy requirements with σ_s.

(2) The elongation measurement is as follows:

1) Make two aligned in the breakup of a tensile specimen, make axis is located on a straight line. Due to various reasons such as snap place form cracks, is this, crack part should be included in the range of the specimens after tensile length.

2) Available directly measure caliper gauge length has been stretched.

3) Specimens after tensile measure directly or by the displacement method to determine the range of part of the length (mm), accurate to 0.1 mm. Such as in the standard from the endpoint or standard specimen from the fracture, the test result is invalid, should redo the test.

B. Cold-bending test

Ⅰ. Test purpose

Cold bending of steel reflects the ability of steel under conventional temperatures to resist bending deformation, which is one of the most important indexes about working performance.

Ⅱ. Test equipment

Press machine or universal testing machine, flexual center with different diameter.

Ⅲ. Test steps

(1) Test piece should not be turning, length of the test piece followed by $L=5a+150$(mm).

(2) Semiconductor guiding bending:

One side come to stay support roller bending device with two support rollers and a bending pressure head .

(3) Guiding bending:

The axes of two legs of the test piece remain in a plane perpendicular to the axis of bending. In the case of a 180° bend, the two lateral surfaces may, depending on the requirements of the product standard, lie flat against each other or may be parallel at a specified distance, an insert being used to control this distance.

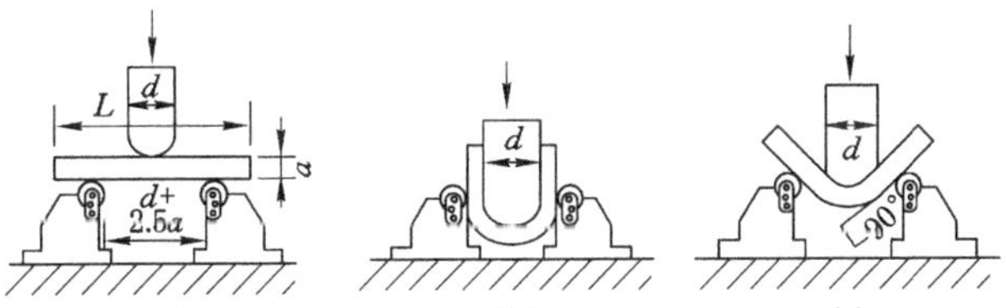

(a) (b) (c)

(4) Unless otherwise specified, the distance between the support rollers shall be determined according to $(d+2.5a)\pm0.5a$.

(5) In general, tests are carried out at ambient temperature between 10 ℃ and 35 ℃. Tests carried out under controlled conditions, where required, shall be made at a temperature of 23 ℃±5 ℃.

Ⅳ. Result analyze

The interpretation of the bend test shall be carried out according to the requirements of the product standard. When these requirements are not specified, absence of cracks visible without the use of magnifying aids is considered as evidence that the test piece withstood the bend test.

Experiment 2　Fine aggregates experiment

A. Surface density of fine aggregates experiment

Ⅰ. Experiment purpose

Measure the surface relative density and surface density in order to authenticate the quality of fine aggregates. In the meantime, offer the original data to design the constitute of cement concrete and asphalt.

Ⅱ. Experiment equipment

(1) Tray scale: weighing 1 kg, accuracy 1 g.

(2) Capacity bottle: 500 mL.

(3) Oven: control temperature between 105 ℃±5 ℃.

(4) Beaker: 500 mL.

(5) Distilled water.

(6) Others: dry machine, pan, aluminum spoon, thermometer etc.

Ⅲ. Experiment steps

(1) Dry the sample (650 g) to constant weight at a temperature of about 105 ℃ ± 5 ℃. Afterwards put it into dry machine cooling down to room temperature. Divide into two part in order to spare.

(2) Weigh and take 300 g(m_0) sample in to the capacity bottle which have half bottle of distilled water.

(3) Shaking the bottle and make sample have sufficient mix to exclude bubble, plug the bottle stopper and still equipment for 24 h. Drop water with the dropper make the surface of the water and bottle neck scale mark at the same height then plug the bottle stopper. Afterwards wipe up the water out of bottle and weighing the total quality of it(m_1).

(4) Pour out the water and sample, clean the bottle. Afterwards pour difference in temperature is not more than 2 ℃ distilled water into scale mark. Plug the bottle stopper wipe up the water out of bottle and weighing the total quality of it(m_2).

Ⅳ. Result calculate

(1) Sand surface relative density calculated according to the following formula with an accuracy to three decimal places:

$$\gamma_a = \frac{m_0}{m_0 + m_1 - m_2}$$

Where γ_a—Sand surface density, dimensionless;

m_0—Sample drying weight, g;

m_1—Water+bottle weight, g;

m_2—Sample+water+bottle weight, g.

(2) Sand surface density calculated according to the following formula with an accuracy to three decimal places:

$$\rho_a = \gamma_a \rho_T \quad \text{or} \quad \rho_a = (\gamma_a - \alpha_t)\rho_w$$

Where ρ_a—Sand surface density, g/cm^3;

α_t, ρ_T—See chart 2-1;

ρ_w—Water density(1 g/cm^3).

Ⅴ. Accuracy request

Average experiment to two times as the measured value, if the difference between the two analyses is greater than 0.01 g/cm^3, do the experiment again.

B. Bulk and compact density of fine aggregates experiment

Ⅰ. Experiment purpose

Measure the accumulate density, compaction density and porosity of fine aggregate in nature.

Ⅱ. Experiment equipment

(1) Platform balance: weighing 5 kg, accuracy 5 g.

(2) Capacity cylinder: metal drum, inner diameter 108 mm, height 109 mm, wall thickness 2 mm, bottom thick 5 mm, volume 1 L.

(3) Standard funnel.

(4) Oven: control temperature between 105 ℃±5 ℃.

(5) Others: spoon, ruler, pan etc.

Ⅲ. Experiment steps

(1) Put 5 kg sample into pan. Dry the sample to constant weight at a temperature of about 105 ℃ ± 5 ℃. Afterwards put it into dry machine cooling down to room temperature. Divide into two part in order to spare.

(2) Measure the accumulate density:

Put the sample into funnel, opened the bottom of the door. Put the sand into capacity cylinder or use spoon to put into it. The distance between discharge hole and capacity cylinder surface should be about 50 mm. Fill up capacity cylinder with sample. Shaving spilth sample along the center line of capacity cylinder surface with two opposite directions by ruler. Weighting it(m_1).

(3) Measure the compaction density:

Take a portion sample, put the sample into capacity cylinder in twice. After put at a time, placing a steel($d=10$ mm) in the bottom of cylinder. Striking the floor for 25 times on the left-right alternate. Do the same things at second time. Afterwards fill up capacity cylinder with sample. Shaving spilth sample along the center line of capacity cylinder surface with two opposite directions by ruler. Weighting it(m_2).

Ⅳ. Result analyze

(1) Sand accumulate density and compaction density calculated according to the following formula with an accuracy to 0.01 g/cm³:

$$\rho = \frac{m_1 - m_0}{V}, \quad \rho' = \frac{m_2 - m_0}{V}$$

Where ρ—Bulk density of sand, g/cm³;

ρ'—Compaction density of sand, g/cm³;

m_0—Capacity cylinder weight, g;

m_1—Capacity cylinder+accumulate density sand weight, g;

m_2—Capacity cylinder+compaction density weight, g;

V—Capacity cylinder volume, mL.

Average experiment to two times as the measured value.

(2) Sand porosity can accumulate density and compaction density

calculated according to the following formula with an accuracy to 0.1%:

$$n=\left(1-\frac{\rho}{\rho_a}\right)\times 100\%$$

Where n—Sand porosity, %;

ρ, ρ_a—Ditto.

C. Fine aggregate sieving experiment

Ⅰ. Experiment purpose

Measured the particle size distribution and degree of coarse to assessed engineering adaptation of fine aggregates.

Ⅱ. Experiment equipment

(1) standard sieves:

① Sand for cement concrete: sieves with 10 mm、5 mm、2.5 mm circular hole and 1.25 mm、0.63 mm、0.315 mm、0.16 mm square hole.

② Sand for asphalt: sieves with 4.75 mm、2.36 mm、1.18 mm、0.6 mm、0.3 mm、0.15 mm、0.075 mm square hole.

(2) Tray scale: weighing 1 kg, accuracy 0.5 g.

(3) Sieve shaker.

(4) Oven: control temperature between 105 ℃±5 ℃.

(5) Others: pan, scrubbing brush, banister brush etc.

Ⅲ. Experiment steps

Sieving sample by sieves with 10 mm circular hole and sieves with 9.5 mm square hole, calculating sample's percentage of sieving. Mixing sample

well when it is on wet form. Division sample to 2 part (more than 550 g each part) by method of coning and quartering. Drying it in the oven which temperature is between 105 ℃±5 ℃ until the weight is constant. Make sure it's already after cooling to room temperature.

(1) Sand for cement concrete,follow these steps sieving:

① Weighting the sample about 550 g(m_1), accuracy 0. 5 g. Place the sample on the top of sieve. Place the lid and agitate the sieves in the mechanical shaker for about 10 min.

② Weight the sieves with the material retained. Determine the weight retained in each sieve. The total weight of the material after sieving should check closely with the original weight of the sample. The amount differs should not more than 1%.

(2) Sand for asphalt,follow these steps sieving:

① Weighting the sample about 550 g(m_1),accuracy 0. 5 g.

② Put sample into a clean vessel, cover aggregate completely with water.

③ Mixing the aggregate sufficient by stick. Make aggregate surface wash clean. The fine powder should suspended in the water,aggregate should not splashed out from the water at the same time.

④ Use sieves with 1. 18 mm and 0. 075 mm. Pouring out the suspension liquid slowly into sieves. Don't pour out the aggregate.

⑤ Do the same things until the water become clean.

⑥ Washing the vessel and sieves, make sure all the aggregate particle into pan.

⑦ Dry the sample and pan to constant weight at a temperature of about 105 ℃±5 ℃. Weighting it(m_2), accuracy to 0. 1%. The differ between m_1 and m_2 is the part of 0. 075 mm.

⑧ Place the sample on the top of sieve(without 0. 075 mm sieve). Place the lid and agitate the sieves in the mechanical shaker for about 10 min.

⑨ Weight the sieves with the material retained. Determine the weight retained in each sieve. Accuracy to 0. 5 g. The total weight of the material after sieving should check closely with the original weight of the sample. The amount differs to m_2 should not more than 1%.

Ⅳ. Result calculate

(1) Calculate the gradation of aggregate:

① Individual percentage retained.

Individual percentage retained(a_i) is defined as the mass percentage of the retained mass on each sieve to the total mass of aggregate sample, accuracy to 0. 1%.

For asphalt pavement aggregate, below the 0. 15 mm sieve is 0. 075 mm individual retained m_1-m_2(by step ⑦).

② Cumulative percentage retained.

Cumulative percentage retained (A_i) means the individual percentage retained of certain sieve plus all individual percentage retained coarser than this sieve, accuracy to 0. 1%.

③ Passing percentage.

Passing percentage is the mass percentage of passing(finer than) certain sieve to the total mass of aggregate sample, accuracy to 0. 1%.

(2) According to the cumulative percentage retained or passing percentage, painting the gradation curve coordinates and calculate fineness modulus.

$$M_X = \frac{(A_{0.16} + A_{0.315} + A_{0.63} + A_{1.25} + A_{2.5}) - 5A_5}{100 - A_5}$$

Ⅴ. Accuracy request

Average experiment to two times as the measured value, if the difference between the two analyses is greater than 0.2, do the experiment again.

二、实验报告节选

Experiment 2 Fine aggregates test

A. Surface density test

Ⅰ. Test purpose

Ⅱ. Test equipment

Ⅲ. Test steps

Ⅳ. Test record and data dispose

Fine aggregates surface density record

<table>
<tr><th rowspan="2">Text times</th><th rowspan="2">Sample drying m_0/g</th><th rowspan="2">Sample+water +bottle m_1/g</th><th rowspan="2">Water+bottle m_2/g</th><th colspan="4">Surface density ρ_a/(g/cm^3)</th></tr>
<tr><th>Single value</th><th>Average value</th><th>Water temperature correction coefficient</th><th>Correction value</th></tr>
<tr><td>1</td><td></td><td></td><td></td><td></td><td rowspan="2"></td><td rowspan="2"></td><td rowspan="2"></td></tr>
<tr><td>2</td><td></td><td></td><td></td><td></td></tr>
</table>

Ⅴ. Text result analyze

Ⅵ. Attention items

B. Bulk density of fine aggregates text

Ⅰ. Test purpose

Ⅱ. Test equipment

Ⅲ. Test steps

Ⅳ. Test record and data dispose

Fine aggregates bulk density record

<table>
<tr><th colspan="2" rowspan="2">Text times</th><th rowspan="2">Capacity canister volume V/L</th><th rowspan="2">Capacity canister weight m_1/kg</th><th rowspan="2">Capacity canister+sand weight m_2/kg</th><th rowspan="2">Sand m_2-m_1 /kg</th><th colspan="2">Bulk density /(kg/m³)</th><th rowspan="2">Porosity /%</th></tr>
<tr><th>Single</th><th>Average</th></tr>
<tr><td rowspan="2">Nature bulk density</td><td>1</td><td></td><td></td><td></td><td></td><td></td><td rowspan="2"></td><td rowspan="2"></td></tr>
<tr><td>2</td><td></td><td></td><td></td><td></td><td></td></tr>
<tr><td rowspan="2">Compaction bulk density</td><td>1</td><td></td><td></td><td></td><td></td><td></td><td rowspan="2"></td><td rowspan="2"></td></tr>
<tr><td>2</td><td></td><td></td><td></td><td></td><td></td></tr>
</table>

Ⅴ. Test result analyze

Ⅵ. Attention items

C. Fine aggregates screening test

Ⅰ. Test purpose

Ⅱ. Test equipment

Ⅲ. Test steps

Ⅳ. Test record and data dispose

Fine aggregates screening text record

Sieve opening d_i/mm	Mass retained m_i/g		Individual percentage retained a_i/%		Cumulative percentage retained A_i/%			Passing percentage P_i/%	Gradation range
	1	2	1	2	1	2	Average		
9.5									
4.75									
2.36									
1.18									
0.60									
0.30									
0.15									
bottom									
$\sum$									

Ⅴ. Test result analyze

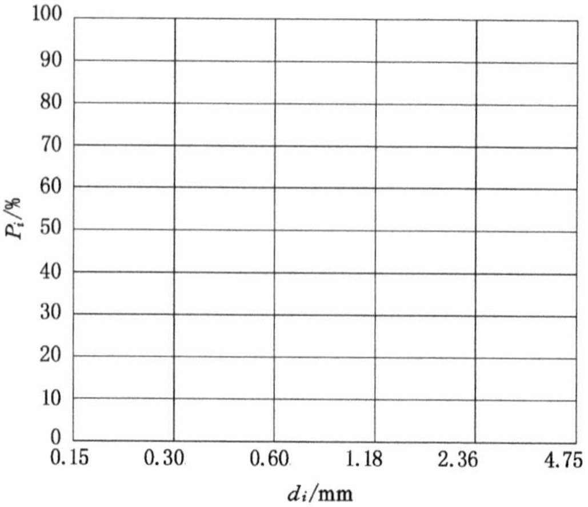

Fine aggregates gradation graph

Ⅵ. Attention items

Cement test

A. The test for fineness of cement

Ⅰ. Test purpose

Ⅱ. Test equipment

Ⅲ. Test steps

Ⅳ. Test record and data dispose

Cement fineness test record

<table>
<tr><td colspan="2">Standard sample percentage
$F_n/\%$</td><td colspan="2">Standard sample percentage
$F_t/\%$</td><td colspan="2">Test sieve correction factor
C</td></tr>
<tr><td colspan="2"></td><td colspan="2"></td><td colspan="2"></td></tr>
<tr><td rowspan="2">Sample number</td><td rowspan="2">Cement sample quality m/g</td><td rowspan="2">Cement screen quality m_s/g</td><td rowspan="2">Cement screen percentage
$F/\%$</td><td colspan="2">Corrected percentage of sieve residue $F_c/\%$</td></tr>
<tr><td>Individual value</td><td>Average value</td></tr>
<tr><td>1</td><td></td><td></td><td></td><td></td><td rowspan="2"></td></tr>
<tr><td>2</td><td></td><td></td><td></td><td></td></tr>
</table>

Ⅴ. Test result analyze

Ⅵ. Attention items

B. Water requirement test of standard consistency of cement

Ⅰ. Test purpose

Ⅱ. Test equipment

Ⅲ. Test steps

Ⅳ. Text record and data dispose

Test table for water requirement test of standard consistency of cement

Test times	Cement content/g	Water consumption /mL	Test rod distance plate distance/mm	Requirement of normal consistency $P/\%$	
				Individual value	average value
1					
2					

Ⅴ. Text result analyze

Ⅵ. Attention items

C. Cement setting time and soundness test

Ⅰ. Test purpose

Ⅱ. Test equipment

Ⅲ. Test steps

Ⅳ. Test record and data dispose

Cement setting time and soundness test record

Cement setting time record

Sample number	Water time	The distance between the needle and the bottom plate is 4 mm±1 mm	The first time no trace was left on the specimen
1			
2			

___h___min Initial setting time

___h___min Final setting time

Cement soundness test record

Sample numbe	The tip spacing of the specimen after boiling C/mm	The tip spacing of the specimen after boiling A/mm	The tip spacing of the specimen after boiling $C-A$/mm
1			
2			

______soundness

Ⅴ. Test result analyze

Ⅵ. Attention items

D. Testing cement for determination of strength

(ISO Method)

Ⅰ. Test purpose

Ⅱ. Test equipment

Ⅲ. Test steps

Ⅳ. Test record and data dispose

Cement for determination of strength test record

<table>
<tr><td colspan="2">Age</td><td colspan="2">3 days</td><td colspan="2">28 days</td></tr>
<tr><td colspan="2">Test date</td><td colspan="2"></td><td colspan="2"></td></tr>
<tr><td rowspan="6">Determination of flexural strength</td><td rowspan="4">Individual value</td><td colspan="4">Flexural strength/MPa</td></tr>
<tr><td colspan="2"></td><td colspan="2"></td></tr>
<tr><td colspan="2"></td><td colspan="2"></td></tr>
<tr><td colspan="2"></td><td colspan="2"></td></tr>
<tr><td>Average value</td><td colspan="2"></td><td colspan="2"></td></tr>
<tr><td rowspan="7">Individual value</td><td>Breaking load</td><td>Compressive strength /MPa</td><td>Breaking load /kN</td><td>Compressive strength /MPa</td></tr>
<tr><td rowspan="7">Compressive strength test</td><td></td><td></td><td></td><td></td></tr>
<tr><td></td><td></td><td></td><td></td></tr>
<tr><td></td><td></td><td></td><td></td></tr>
<tr><td></td><td></td><td></td><td></td></tr>
<tr><td></td><td></td><td></td><td></td></tr>
<tr><td></td><td></td><td></td><td></td></tr>
<tr><td>Average value</td><td></td><td></td><td></td><td></td></tr>
</table>

Ⅴ. Test result analyze

Ⅵ. Attention items

附录 “土木工程材料”线上线下混合式一流课程申报

附录一 “土木工程材料”一流本科课程申报书

一、课程基本信息

课程名称	土木工程材料
课程编码 （教务系统中的编码）	070108
课程类型	专业课
课程性质	必修
开课年级	本科二年级
面向专业	土木工程、城市地下空间、港口与航道工程、工程管理
学　　时	总学时:48 线上学时:16(含直播课) 线下学时:32(含实验课)
学　　分	3
先修(前序)课程名称	材料力学、工程力学
后续课程名称	结构设计原理、路基路面、隧道工程、港口工程、工程概预算
主要教材	《土木工程材料》双语教材，王琨主编，人民交通出版社 2016 年 9 月出版
最近两期开课时间	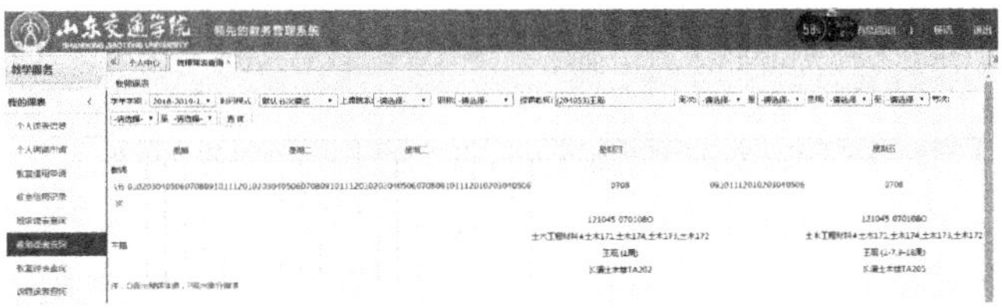

续表

最近两期开课时间	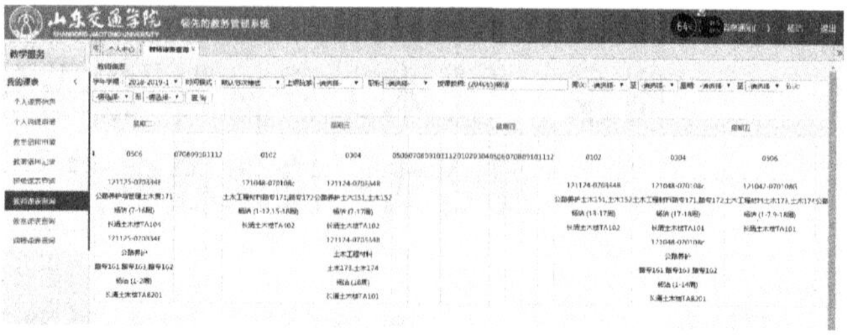
最近两期学生总人数	1 429
使用的在线课程	网址：http://coursehome.zhihuishu.com/courseHome/2050368#teachTeam
	使用方式：MOOC

授课教师（课程负责人）教学情况

1. 教学任务

承担“土木工程材料”本科混合式教学 3 轮次、本科面授 5 轮次、留学生全英文授课 3 轮次。

2. 教学研究

(1) 主持教改课题“混合式教学改革”；

(2) 山东省教学成果二等奖 1 次、三等奖 1 次、校级教学成果奖 2 次；

(3) 出版著作《课程信息化建设及混合式教学改革与实践》；

(4) 主编《土木工程材料》双语教材；

(5) 编写《土木工程材料》英文实验指导书；

(6) 参与省级教改课题 2 项。

3. 教学奖励及其他

(1) 山东省高校微课比赛一等奖；

(2) 山东省高校多媒体教学课件比赛二等奖；

(3) 全国应用型人才综合技能大赛教师创课大赛一等奖；

(4) 全国高校微课比赛优秀奖；

(5) 山东省成人继续教育数字化课程“优质课”；

(6) 教育部高校就业协会创新创业导师。

二、课程目标

结合本校应用型本科办学理念及“以力学等理论为基础，以材料科学、信息技术等为支撑，培养适应交通基础设施建设的规划设计、施工、试验检测、工程管理等一线需要的高素质应用型人才”的培养目标，学习完该课程后，学生能够掌握材料的技术性质和技术标准；能结合国家现行的标准、规范和规程对材料进行检测评定；在工程实践中，能够正确选择和合理使用材料；能掌握材料性能与设计施工环节的相互关系，并能应用材料知识解决实际工程问题。培养学生适应艰苦工作环境的执业能力和诚实守信的职业道德，践行习近平总书记提出的“青年有着大好机遇，关键是要迈稳步子、夯实根基、久久为功”要求，使学生成为高质量土木工程技术人才。

三、课程建设及应用情况

1. 课程发展历程

“土木工程材料”课程建设已达40年，是土木工程类专业的核心专业基础课和学校精品课程。2003年获批山东省精品课程；2009年开始进行双语教学；2013年获批山东省精品课程群中的一门骨干课程；2015年开始全英文授课；2015年作为学校第一批立项的MOOC课程开始进行建设，2017年底进行了MOOC课程验收；2018年8月成为学校第一门在山东省共享课程联盟平台上线的课程，选课高校已超过20所；2015年开始进行混合式教学改革；2018年获学校混合式教学改革立项。

2. 教学改革要解决的重点问题

(1) 课程内容“固化”、理论与实践衔接性不足；知识点孤立、教材形式单一、学生学习动力差。

(2) 专业基础课“职业道德”教学内容缺失，学生只掌握技术，不懂得试验检测工程师的职业操守红线。

(3) 90后学生大多为“网络原住民”，但现有的教学方法单一。

(4) 课程的知识点迭代更新不及时，导致学生出现知识短板，急需合理的教学技术改革与应用。

(5) 新形势下，课程的国际特性难以突出。

3. 内容、资源建设及应用

(1) 课程内容

“土木工程材料”是介绍土木工程中常用的包括建筑钢材、砂石材料、石灰水泥、水泥混凝土、无机结合料稳定材料、沥青和沥青混合料等材料的工程应用、功能需求、种类与规格、性能及检测方法的课程。

(2) 资源建设

完成教材编写1部，英文讲义1套，中英文实验指导书和实验报告1套，中英文教学课件、视频1套，并被人民交通出版社收录。

“土木工程材料”课时总量为48课时，采用了混合式教学，进行了MOOC信息化课程建设。理论课的线上课时数量为10课时(约500 min)，直播见面课合计为8课时(360 min)，校内面授18课时，实验12课时。

(3) 课程的组织实施情况

理论实验“双课并重”、线上与线下“结合翻转”。

1) 教学流程

① 整体设计与教学准备：整体设计并制作教学资源、设计导学单及课堂任务；课程组集体研讨并修正教案；同时设计好预习问题。

② 课堂点评与讨论组织：根据课程内容和网上互动情况，对教学重点进行总结，对疑难问题及重点问题进行讨论，最后引用相应的工程案例进行该部分知识点的巩固。

③ 情景式教学具体措施：部分教学单元的制作过程以工地实验室和施工现场为依托。

2) 具体教学方法

① MOOC教学：打破了传统教学在时间和空间上的限制，可使学生在任何时间、任何地点，通过网络进行自主学习。

续表

② 多媒体教学：将课件和视频相结合，一体化推进课堂教学和实验教学。

③ 实验教学：以实验课堂教学及网络视频教学为主，学生分组实验并完成实验报告。

④ 与思政内容结合：强调试验检测岗位人员职业操守及职业工作纪律，正确引导学生“扣好人生第一粒扣子”。

⑤ 与创新创业内容结合。

4. 课程考核评定方式

平时成绩占 40%，期末考试成绩占 60%。

平时成绩中，MOOC 成绩占 70%(学习进度 30%，章测试 10%，见面课 30%，线上期末成绩 30%)，作业成绩占 10%，课堂表现占 10%，实验占 10%。

5. 课程评价及应用效果

课程采取混合式教学模式，以在线进阶式视频来呈现课程的理论知识部分，线下课堂以讨论和实践教学为主，并采用翻转教学模式，实现知识的内化与学生能力的提升，各项教学资源建设到位，网络资源丰富，学生受益面大，教学内容实用性强，同时可以进行全英文教学，具有较好的推广价值。

课程在“智慧树网”成功运行了 2 个周期，第三周期运行马上结束。前两周期共计 17 所高校、1 420 多名在校大学生选修了本课程，课程总满意率在 96%以上。在山东交通学院慕课网平台运行 1 个周期，196 人选修，满意率 97%。本校混合式教学改革受益人数累计 2 600 余人。

四、课程特色与创新

1. 理论课与实验课“双课并重”，同步强化职业素养教育和思政教育

(1) MOOC 视频总计约为 500 min(讲授约 410 min、实验约 90 min)，实验视频紧扣理论教学内容。

(2) 强化职业素养并将总书记对学生“夯实根基、久久为功”的要求，对老师的“帮学生扣好人生第一粒扣子”的要求贯穿始终。

2. 多课型设计、线上与线下课程“结合翻转”，提升教学效果

(1) 通过教学团队组织的在线课、视频直播课、讨论课、答疑课，促进学生的思辨能力、协作能力、表达能力的发展，提高学生综合素质。

(2) 通过线上线下课程的课前准备、课中互动、课后拓展学习的途径，组织教学和高效见面互动，使课程学习更适合学生特质。

(3) 直播课的互动包括签到、投票、答疑和抢答等。多种互动模式设计，使课堂气氛轻松活跃。

3. 课程建设与信息技术高效融合

采用多元化、信息化技术，教师可以实时掌握学生情况，控制教学节奏，保证学习效果。

4. 课程所适用的范围广、覆盖面大

既能满足在校学生学习要求，又能满足工程技术管理人员、试验检测岗位人员学习使用，符合公开社会选课的条件。

5. 通过内容的凝练与方法的提升，该课程与专业课程群进行了深度融合

与前序课和后续课的相关知识点密切衔接、多维延展，课程更具有核心竞争力和持续发展力。

五、课程建设计划

(1) 紧扣时代脉搏，进一步凝练教学内容，提升课程内涵，重点增加课程中创新创业的知识点

(2) 增强本课程的国际传播特性。结合“交通强国”“一带一路”建设等政策，为各高校留学生和涉外工程专业学生的学习服务，所有视频将增加英文字幕，同时提供可下载的《涉外工程土木工程材料实用英语》学习手册。

(3) 后续教学资源的持续更新。根据国家和行业最新要求及学情反馈情况，每学期结束后对所有线上资源及课程设计进行调整和优化，每个知识模块的具体知识点内容的更新由主讲教师负责，课程设计由课程负责人和主讲教师共同负责，整体规划和评估由教学监督人员负责，各项工作落实到人。

(4) 拓展参与学习的对象。该课程因与工程建设密切相关，所以具有很高的社会应用性，除了面向国内高校开设学分认定课之外，计划面向社会开放，依托申请学校、教学团队及课程平台继续为广大工程技术单位人员的培训考核服务。

(5) 加大各高校的资源共享程度与信息反馈力度。加大各高校本门课程负责老师之间的联络，共享全部教学资源，同时设计针对本课程多角度考核评价指标，广泛接受信息反馈与教学评价，多校联合共同促进和完善课程教学，以提供更优质的课程。

附录二 “土木工程材料”一流课程教学课例
——水泥混凝土工程应用与工作性

一、课程设计思维导图

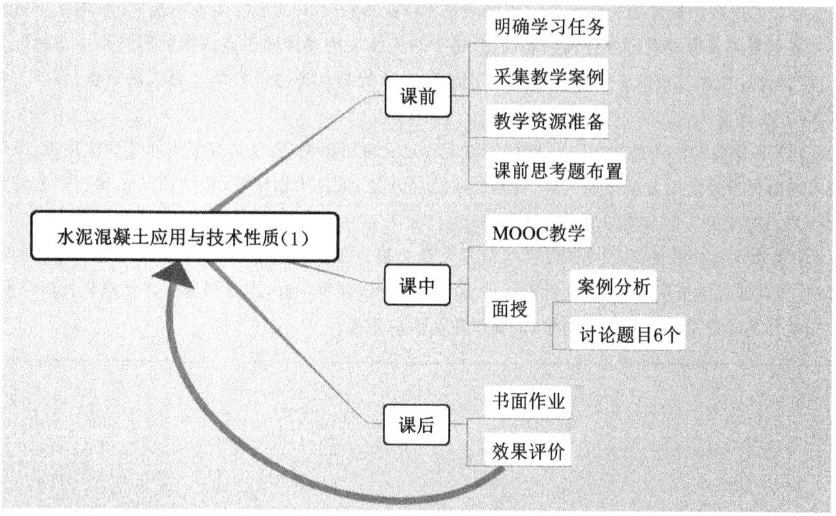

二、课程教学展示

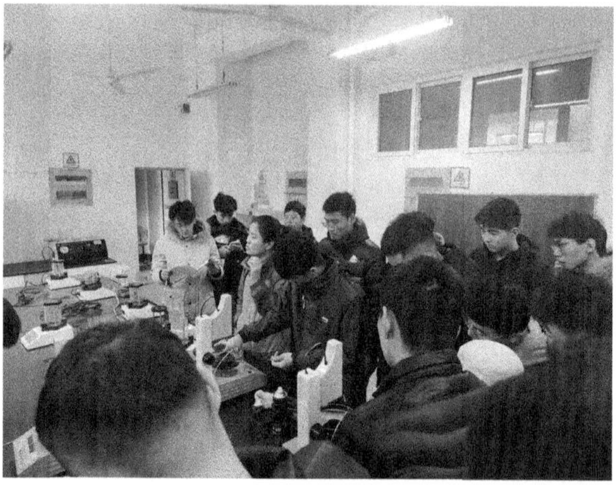

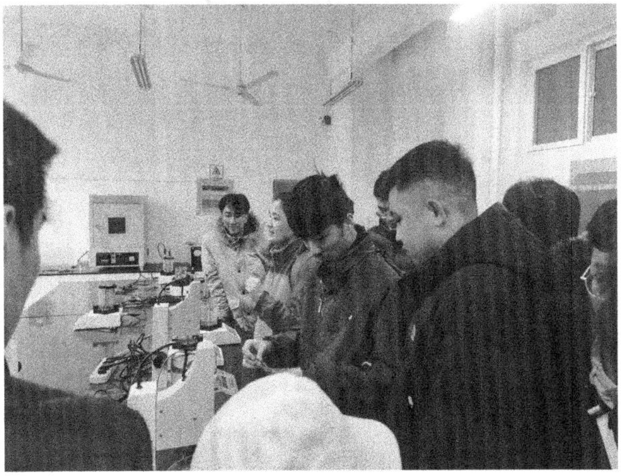

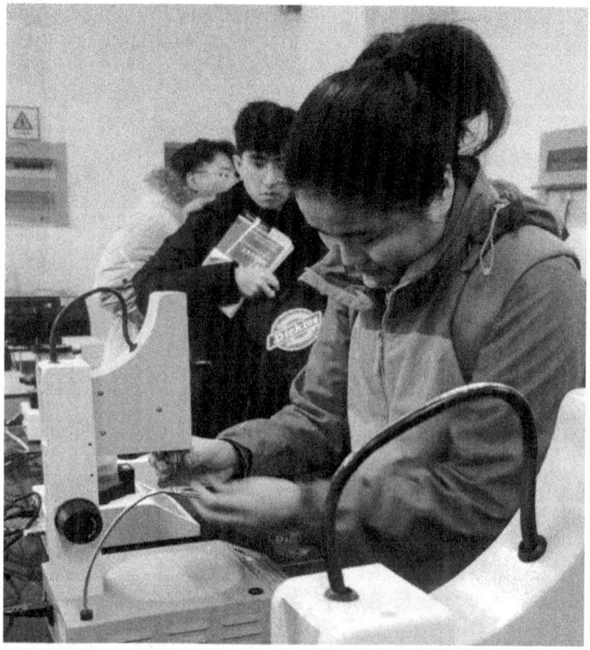

附录三 “土木工程材料”一流课程教学日历

国家级一流本科课程申报课程教学日历

课程名称:土木工程材料　　　　　　课程负责人:王琨

申报类型:线上线下混合式一流课程

序号	日期	周次	讲次	学时	教学内容(要点)	授课地点	学生人数	教学形式
1	2019-02-26	第1周	1	2	绪论	土木楼 A102	85	课堂
2	2019-02-28	第1周	2	2	砂石材料	在线	85+校外	线上
3	2019-03-05	第2周	3	2	砂石材料	土木楼 A102	85	课堂
4	2019-03-12	第3周	4	2	细集料实验	土木楼 C110	85	实践
5	2019-03-19	第4周	5	2	石灰与水泥(上)	在线	85+校外	线上
6	2019-03-26	第5周	6	2	石灰与水泥(下)	土木楼 A102	85	课堂
7	2019-04-02	第6周	7	2	水泥实验	工程中心 E102 西	85	实践
8	2019-04-08	第7周	8	2	土木工程材料的认识,石灰与水泥学习内容的讨论	在线	85+校外	网络见面课
9	2019-04-09	第7周	9	2	水泥混凝土工程应用与工作性	土木楼 A102	85	课堂
10	2019-04-16	第8周	10	2	普通组成材料水泥混凝土的技术性质和组成材料	在线	85+校外	线上
11	2019-04-20	第8周	11	2	普通水泥混凝土的配合比设计	土木楼 A102	85	课堂
12	2019-04-23	第9周	12	2	水泥混凝土的综述与讨论	在线	85+校外	网络见面课
13	2019-04-27	第9周	13	2	混凝土实验	工程中心 E102 西	85	实践
14	2019-04-28	第10周	14	2	沥青与沥青混合料	在线	85+校外	线上
15	2019-04-29	第10周	15	2	钢材(1)、无机结合料稳定材料	在线	85+校外	线上
16	2019-04-30	第10周	16	2	沥青与沥青混合料、钢材内容综述	在线	85+校外	网络见面课

续表

序号	日期	周次	讲次	学时	教学内容(要点)	授课地点	学生人数	教学形式
17	2019-05-07	第11周	17	2	石油沥青	土木楼A102	85	课堂
18	2019-05-14	第12周	18	2	石油沥青实验	土木楼B110	85	实践
19	2019-05-16	第12周	19	2	公路工程实验检测技术(材料部分)	在线	85十校外	网络见面课
20	2019-05-21	第13周	20	2	沥青混合料的基本概念、技术性质、技术标准	土木楼A102	85	课堂
21	2019-05-28	第14周	21	2	沥青混合料配合比设计	土木楼A102	85	课堂
22	2019-06-04	第15周	22	2	钢材(2)	土木楼A102	85	课堂
23	2019-06-11	第16周	23	2	沥青混合料马歇尔试件制作	土木楼B112	85	实践
24	2019-06-18	第17周	24	2	沥青混合料马歇尔稳定度实验	土木楼B112	85	实践

附录四 “土木工程材料”一流课程试卷分析

山东交通学院课程考核试卷分析表(一)

2018—2019 学年第 2 学期

<table>
<tr><td>课程名称</td><td colspan="4">土木工程材料</td><td>教学班级</td><td colspan="5">工管 171</td></tr>
<tr><td>任课教师</td><td colspan="4">杨洁</td><td>成绩比例</td><td colspan="2">平时成绩:40%
期末成绩:60%</td><td>考试方式</td><td colspan="2">(√)笔试 ( )非笔试</td></tr>
<tr><td rowspan="4">考试成绩统计</td><td colspan="5">人数</td><td colspan="5">占比</td></tr>
<tr><td>优秀</td><td>良好</td><td>中等</td><td>及格</td><td>不及格</td><td>优秀</td><td>良好</td><td>中等</td><td>及格</td><td>不及格</td></tr>
<tr><td>0</td><td>6</td><td>11</td><td>13</td><td>12</td><td>0.00%</td><td>14.29%</td><td>26.19%</td><td>30.95%</td><td>28.57%</td></tr>
<tr><td colspan="10">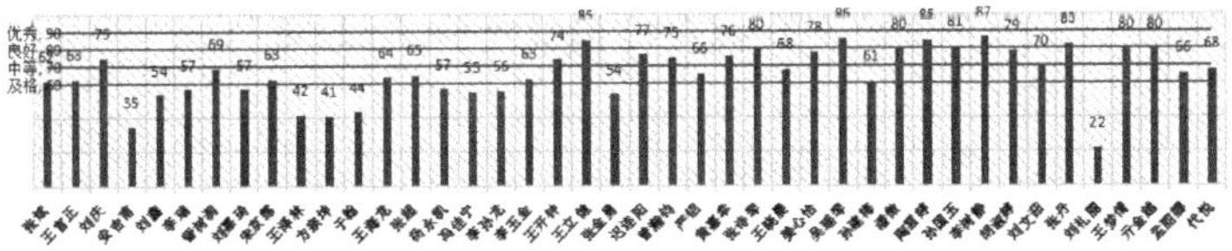
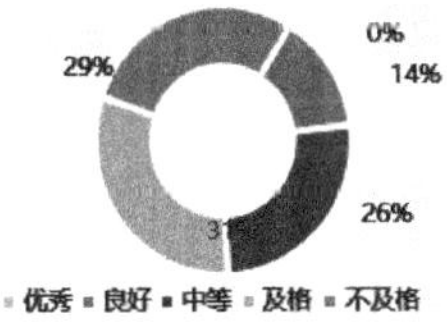

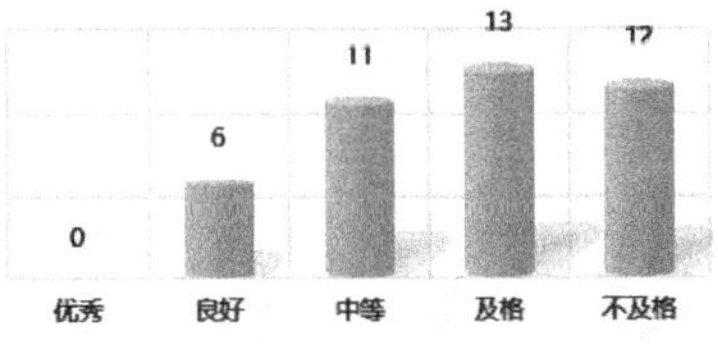
</td></tr>
<tr><td rowspan="7">命题分析</td><td colspan="4">1. 试题与教学大纲的要求</td><td colspan="2">(√)符合</td><td colspan="2">( )基本符合</td><td colspan="2">( )不符合</td></tr>
<tr><td colspan="4">2. 试题总量与大纲的要求</td><td colspan="2">( )偏多</td><td colspan="2">(√)适中</td><td colspan="2">( )偏少</td></tr>
<tr><td colspan="4">3. 考题难易度与大纲的要求</td><td colspan="2">( )偏难</td><td colspan="2">(√)适中</td><td colspan="2">( )偏易</td></tr>
<tr><td colspan="4">4. 考题覆盖面与大纲的要求</td><td colspan="6">(√)覆盖大纲要求的 80%以上</td></tr>
<tr><td colspan="4"></td><td colspan="6">( )覆盖大纲要求的 60%～80%</td></tr>
<tr><td colspan="4"></td><td colspan="6">( )覆盖大纲要求的 60%以下</td></tr>
<tr><td colspan="4">5. 题型结构是否合理要求</td><td colspan="2">(√)合理</td><td colspan="2">( )较合理</td><td colspan="2">( )不合理</td></tr>
</table>

续表

试卷情况分析	工管171班共42人，卷面成绩最高分为87分，最低分为22分，平均分为66.3分。从以上图表情况可知，各个等级层的结构基本正常，成绩稍偏低，基本符合正态分布形式。对于学生失分主要原因，分析认为：部分学生由于对本课程重视程度不足，平时上课不认真听讲，作业完成不认真，造成考核成绩不理想；另外对基础知识掌握不扎实，知识不会灵活运用，能做对简单的题目，但是需要综合运用知识点的题目（如设计计算题、简答题等）时显得能力不足，造成失分。
改进措施	1. 尽量丰富课堂内容，提高学生学习的兴趣和积极性。 2. 加强对学生的管理，使学生不无故缺课，并督促缺课的学生尽量弥补以不影响后面的学习。

任课教师签名：　　　　　　　　　　　　　　　教研室主任签名：

注：1. 试题量中的“适中”是指中等水平的学生在90 min左右答完试卷。

2. 考题难易度中的“适中”是指卷面平均成绩在75分左右。

3. 题型结构是否合理中的“较合理”是指题型中主、客观题和综合分析应用类题型基本符合本课程的教学要求。

4. 本表一式三份，一份教务处存档，一份学院存档，剩下一份随试卷存档。

山东交通学院课程考核试卷分析表(二)

2018—2019学年第2学期

<table>
<tr><td>课程名称</td><td colspan="4">土木工程材料</td><td>教学班级</td><td colspan="5">土木173</td></tr>
<tr><td>任课教师</td><td colspan="4">杨洁</td><td>成绩比例</td><td colspan="2">平时成绩:40%
期末成绩:60%</td><td>考试方式</td><td colspan="2">(√)笔试 ( )非笔试</td></tr>
<tr><td rowspan="4">考试成绩统计</td><td colspan="5">人数</td><td colspan="5">占比</td></tr>
<tr><td>优秀</td><td>良好</td><td>中等</td><td>及格</td><td>不及格</td><td>优秀</td><td>良好</td><td>中等</td><td>及格</td><td>不及格</td></tr>
<tr><td>0</td><td>5</td><td>18</td><td>11</td><td>11</td><td>0.00%</td><td>11.11%</td><td>40.00%</td><td>24.44%</td><td>24.44%</td></tr>
<tr><td colspan="10">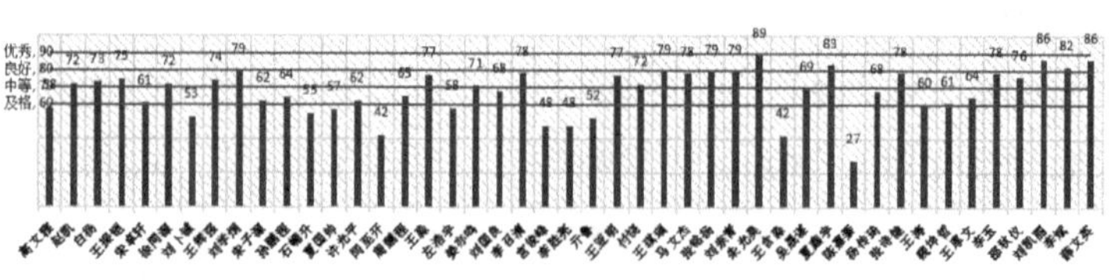
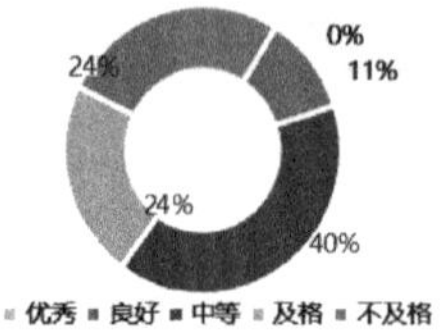
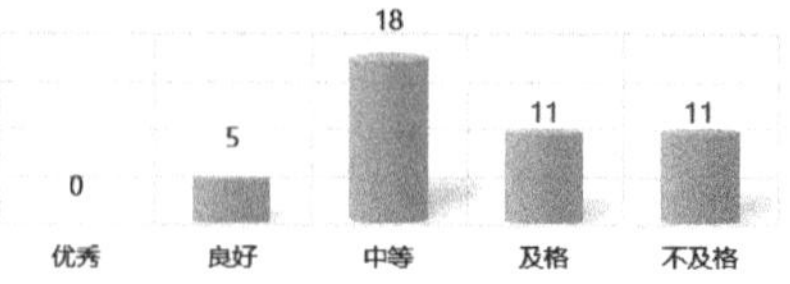</td></tr>
</table>

续表

命题分析	1. 试题与教学大纲的要求	(√)符合	( )基本符合	( )不符合
	2. 试题总量与大纲的要求	( )偏多	(√)适中	( )偏少
	3. 考题难易度与大纲的要求	( )偏难	(√)适中	( )偏易
	4. 考题覆盖面与大纲的要求	(√)覆盖大纲要求的 80%以上		
		( )覆盖大纲要求的 60%～80%		
		( )覆盖大纲要求的 60%以下		
	5. 题型结构是否合理要求	(√)合理	( )较合理	( )不合理
试卷情况分析	土木 173 班共 45 人，卷面成绩最高分为 89 分，最低分为 27 分，平均分为 67.5 分。从以上图表情况可知，各个等级层的结构基本正常，不及格人数偏多，成绩稍偏低，离正态分布还有一定差距。对于学生失分主要原因，分析认为：部分学生认为入学成绩较好，对本课程重视程度不足，平时上课不认真听讲，作业完成不认真，造成考核成绩不理想；另外对基础知识掌握不扎实，知识不会灵活运用，能做对简单的题目，但是需要综合运用知识点的题目(如设计计算题、简答题等)时显得能力不足，造成失分；部分学生觉得时间较紧，说明学生在计算方法的灵活应用方面的功底还不够扎实，对所学知识的综合应用尚有欠缺，希望在这方面加强训练。			
改进措施	1. 加强学生的专业教育，提高学生的学习积极性。 2. 完善考试制度，严格执行升留级制度。 3. 改进教学手段，吸引学生的兴趣。 4. 深入了解学生知识掌握的水平，因材施教。			

任课教师签名：　　　　　　　　　　　　　　　　教研室主任签名：

注：1. 试题量中的“适中”是指中等水平的学生在 90 min 左右答完试卷。

2. 考题难易度中的“适中”是指卷面平均成绩在 75 分左右。

3. 题型结构是否合理中的“较合理”是指题型中主、客观题和综合分析应用类题型基本符合本课程的教学要求。

4. 本表一式三份，一份教务处存档，一份学院存档，另一份随试卷存档。

山东交通学院课程考核试卷分析表(三)

2018—2019 学年第 2 学期

课程名称	土木工程材料	教学班级	土木 174		
任课教师	杨洁	成绩比例	平时成绩：40% 期末成绩：60%	考试方式	(√)笔试 ( )非笔试

续表

<table>
<tr><td rowspan="4">考试成绩统计</td><td colspan="5">人数</td><td colspan="5">占比</td></tr>
<tr><td>优秀</td><td>良好</td><td>中等</td><td>及格</td><td>不及格</td><td>优秀</td><td>良好</td><td>中等</td><td>及格</td><td>不及格</td></tr>
<tr><td>1</td><td>5</td><td>10</td><td>14</td><td>12</td><td>2.38%</td><td>11.90%</td><td>23.81%</td><td>33.33%</td><td>28.57%</td></tr>
<tr><td colspan="10">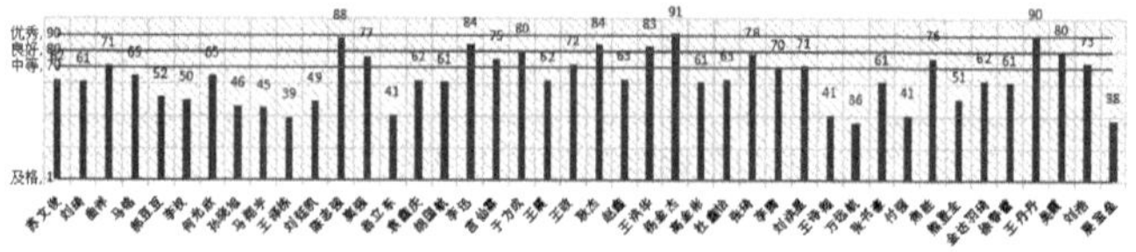
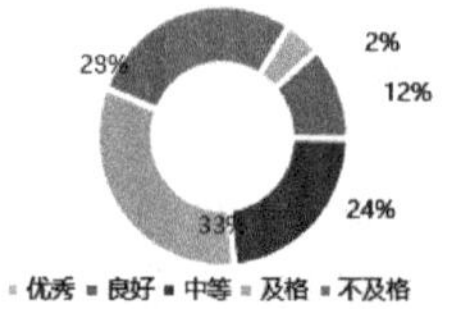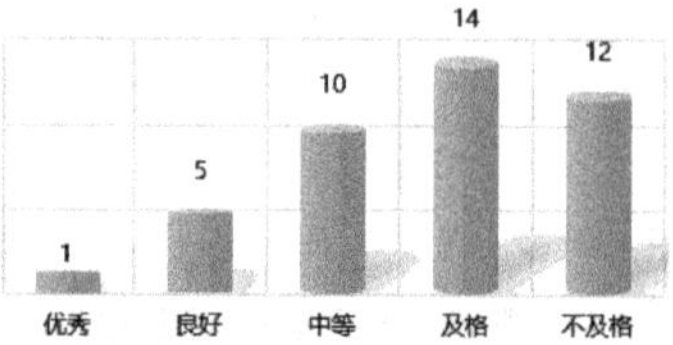</td></tr>
<tr><td rowspan="7">命题分析</td><td colspan="4">1. 试题与教学大纲的要求</td><td colspan="2">(√)符合</td><td colspan="2">( )基本符合</td><td colspan="2">( )不符合</td></tr>
<tr><td colspan="4">2. 试题总量与大纲的要求</td><td colspan="2">( )偏多</td><td colspan="2">(√)适中</td><td colspan="2">( )偏少</td></tr>
<tr><td colspan="4">3. 考题难易度与大纲的要求</td><td colspan="2">( )偏难</td><td colspan="2">(√)适中</td><td colspan="2">( )偏易</td></tr>
<tr><td colspan="4">4. 考题覆盖面与大纲的要求</td><td colspan="6">(√)覆盖大纲要求的80%以上</td></tr>
<tr><td colspan="4"></td><td colspan="6">( )覆盖大纲要求的60%～80%</td></tr>
<tr><td colspan="4"></td><td colspan="6">( )覆盖大纲要求的60%以下</td></tr>
<tr><td colspan="4">5. 题型结构是否合理要求</td><td colspan="2">(√)合理</td><td colspan="2">( )较合理</td><td colspan="2">( )不合理</td></tr>
<tr><td>试卷情况分析</td><td colspan="10">土木174共42人，卷面成绩最高分为91分，最低分为36分，平均分为63.8分。从以上图表情况可知，各个等级层的结构基本正常，不及格人数偏多，且成绩稍偏低，基本符合正态分布形式。对于学生失分主要原因，分析认为：部分学生认为入学成绩较好，对本课程重视程度不足，平时上课不认真听讲，作业完成不认真，造成考核成绩不理想；另外对基础知识掌握不扎实，知识不会灵活运用，能做对简单的题目，但是需要综合运用知识点的题目(如设计计算题、简答题等)时显得能力不足，造成失分；部分学生觉得时间较紧，说明学生在计算方法的灵活应用方面的功底还不够扎实，对所学知识的综合应用尚有欠缺，希望在这方面加强训练。</td></tr>
<tr><td>改进措施</td><td colspan="10">1. 加强学生的专业教育，提高学生的学习积极性。
2. 完善考试制度，严格执行升留级制度。
3. 改进教学手段，吸引学生的兴趣。
4. 深入了解学生知识掌握的水平，因材施教。</td></tr>
</table>

任课教师签名： 教研室主任签名：

注：1. 试题量中的“适中”是指中等水平的学生在90 min左右答完试卷。

2. 考题难易度中的“适中”是指卷面平均成绩在75分左右。

3. 题型结构是否合理中的“较合理”是指题型中主、客观题和综合分析应用类题型基本符合本课程的教学要求。

4. 本表一式三份，一份教务处存档，一份学院存档，另一份随试卷存档。

附录五 “土木工程材料”在线学习数据

课程数据信息表(2019 年)

课程基本信息			
课程名称	土木工程材料		
学校名称	山东交通学院		
课程负责人	王琨		
早期课程开设周数	19		
课程运行平台名称	智慧树网(www.zhihuishu.com)		
开放程度	○完全开放:自由注册,免费学习		
	√有限开放:仅对学校(机构)组织的学习者开放或付费学习		
课程开放情况			
开设学期	起止时间	选课人数	课程链接
1	2018-09-22 至 2018-12-10	803	http://coursehome.zhihuishu.com/courseHome/2019445
2	2019-02-20 至 2019-06-25	626	http://coursehome.zhihuishu.com/courseHome/2040976

课程资源与学习数据			
数据项		第 1 学期	第 2 学期
授课视频	总数量/个	52	52
	总时长/min	505	505
非视频资源	数量/个	96	96
课程公告	数量/次	13	3
测验和作业	总次数/次	7	7
	习题总数/道	70	70
	参与人数/人	712	477
互动交流情况	发帖总数/帖	234	280
	教师发帖数/帖	16	7
	参与互动人数/人	108	88
考核(试)	次数/次	2(考试和补考)	2(考试和补考)
	试题总数/题	100	100
	参与人数/人	803	626
	课程通过人数/人	671	470

附录六 “土木工程材料”课程最近一期学生评教统计

山东交通学院 SHANDONG JIAOTONG UNIVERSITY 领先的教务管理系统 消息通知( ) 杨洁 退出

教学考评 | 个人中心 | 学生成绩录入 × | 评价结果查询 ×

教学评价 <
教师教学评价
评价结果查询

评价结果查询

学年学期：2018-2019-2 ▾ 学生建议

按教师汇总统计

课程类别	教工号	教师姓名	性别	职称	所属学院	平均分	样本数	参评率
所学课程	204065	杨洁	女	讲师（高校）	交通土建工程学院	95.91	241	97%
所学课程	204065	杨洁	女	讲师（高校）	交通土建工程学院	88.53	241	97%

按教师/课程汇总查看

教工号	教师姓名	性别	职称	所属学院	课程名称	平均分	已评/能做人数	参评率	操作
204065	杨洁	女	讲师（高校）	交通土建工程学院	土木工程材料★	90.07	152/170	99%	明细
204065	杨洁	女	讲师（高校）	交通土建工程学院	土木工程概论	87.1	73/86	94%	明细
204065	杨洁	女	讲师（高校）	交通土建工程学院	土木工程材料	86.86	16/17	94%	明细

教师评教结果明细

2018-2019-2 学生学期教学评估 所学课程

教师姓名：杨洁 教师编号：204065 性别：女 职称：讲师（高校）

评测指标	满分值	得分	得分率	学院平均分
01 该课程教师政治方向正确，潜心教书育人，关心爱护学生，言行雅正，为人师表，公平诚信。	8	7.11	89	6.76
02 对我而言，课程教学目标清晰明了，我很清楚该门课程对我的要求和期望。	6	5.23	87	5
03 总体来说，我认为课程为我们的学习设立了高标准，我必须努力学习才能达到要求。	9	7.95	88	7.54
04 总体来说，我认为，该课程的教学很好地激发了我的学习兴趣并调动了我的学习积极性，我在该课程学习中付出了最大努力。	8	6.99	87	6.69
05 总体来说，我认为，该课程的教学组织得很好，授课教师教导有方。	7	6.15	88	5.88
06 通过该课程学习，我理解并掌握了课程重要基本知识，同时形成了较完整课程框架与知识体系。	8	7.07	88	6.69
07 通过学习该课程，我能够结合多门课所学知识解决综合性的大作业，或很好地将课程所学知识应用于实践。	8	7.05	88	6.71
08 我认为授课教师学科知识渊博，上课充满激情，讲解清晰有条理，富有启发性。	5	4.43	89	4.19
09 老师为我提供的学习资源以及引导我们自主寻找的学习资源（包括教材、讲义、参考书目、网上测试资源等），对我的学习帮助很大。	8	7.11	89	6.72
10 作业内容明确体现了课程目标，能够很好地帮助我学习该门课程，并能独立完成作业。	9	7.99	89	7.54
11 我认为该课程的成绩评定方法中所包含的考核项目，如考试、课程设计、课程报告等，可以以很好地引导我学习，特别是激励我在整个学期中都努力学习。	8	7.06	88	6.71
12 作业、考试以及向老师求助课程相关问题后，老师针对我的学习情况给予了及时且有价值的反馈，这些反馈可以很好地帮助我了解如何改进学习。	8	7.01	88	6.7
13 总体而言，我会向其他同学推荐该教师所授该门课程。	8	7.04	88	6.64

附录七 “土木工程材料”混合式教学教案节选

山东交通学院

线上线下混合式

教学教案

2018—2019 学年第二学期

课 程 名 称	土木工程材料
课 程 类 别	专业必修课
学 时 及 学 分	48 学时 3 学分
授 课 班 级	工管 171-2
使 用 教 材	《土木工程材料》
系（院、部）	交通土建工程学院
教研室(实验室)	道路教研室
负 责 人 签 字	

授课教案一

一、课题

绪论、土木工程材料的基本性质。

二、目的要求

理解土木工程材料的定义，了解土木工程材料的发展，掌握土木工程材料所具有的技术性质，了解土木工程材料的技术标准。

三、重点、难点

重点：土木工程材料的技术性质——物理性质、力学性质、化学性质和耐久性。

难点：土木工程材料的耐久性。

四、参考资料

张爱勤主编《土木工程材料》，人民交通出版社出版；

严家伋主编《道路建筑材料》，人民交通出版社出版。

五、授课记录

授课日期	2019-02-26			
班　　次	工管 171-2			

六、互动题目准备

1. 材料与工程质量的关系。
2. 材料发展与工程质量的关系(举例)。
3. 列举你能想到的土木工程材料种类，说说它们的用途。
4. 学生提问。

七、教学进程

(一) 教学环节

教学环节设计见下表。

线上视频	预习
线上直播课	0 次
面授	1 次
实验课	0 次
作业布置	1 题

（二）教学内容

第 1 章 土木工程材料的基本性质

1.1 土木工程材料概述

1.1.1 土木工程材料的定义

——用于土木工程中，直接构成各种工程实体的所有材料。

1.1.2 学习土木工程材料的意义

1.1.3 土木工程材料的分类

分类：按化学成分、材料性质和使用功能等多种方法进行分类。

1.1.4 土木工程材料的地位和发展

1.2 土木工程材料的基本性质

1.2.1 土木工程材料的物理性质

1. 物理常数

(1) 几种密度

① 密度：材料在绝对密实状态下，单位实体体积的干质量。

② 表观密度：材料单位表观体积（闭口＋实体）的干质量。

③ 毛体积密度：材料单位毛体积（闭口＋开口＋实体）的干质量。

④ 表干密度：在规定条件下，材料单位毛体积（包括材料实体＋闭口孔隙＋开口孔隙的体积）的饱和面干质量。

⑤ 堆积密度：干堆积密度、湿堆积密度。散粒状材料单位堆积体积（开口＋闭口＋实体＋间隙）的质量。

(2) 孔隙率和空隙率

① 孔隙率与密实度（对应概念）——单块材料。

② 空隙率与填充率——散粒状材料。

2. 与水有关的性质

(1) 亲水性与憎水性

润湿角 θ。

(2) 吸水性与吸湿性

吸水性——饱水状态(吸水饱和),恒值。

吸湿性——自然状态,变值。

(3) 耐水性

材料长期处在饱和水的作用下,既不产生破坏,强度又不显著下降的性质。

软化系数。

(4) 抗渗性

抵抗压力水渗透的性质。

(5) 抗冻性

材料饱水状态下,能经受多次冻融交替作用,既不破坏强度又不显著下降的性质。

质量损失率;冻融系数。

3. 材料的热工性质

1.2.2 土木工程材料的力学性质

1. 材料的强度、强度等级与比强度

(1) 强度

材料抵抗外力破坏的能力。

(2) 强度等级

不同的材料可以按照不同的强度标准划分强度等级。

(3) 比强度

材料强度与其表观密度之比。

2. 弹性和塑性

(1) 弹性

外力作用产生变形,外力取消能完全恢复。

弹性模量。

(2) 塑性

外力作用产生变形,外力取消变形不能恢复。

3. 韧性和脆性

(1) 脆性

无明显塑性变形,突然破坏。

(2) 韧性

产生一定变形不破坏,能吸收较大的能量。

采用冲击实验测定。

4. 硬度和耐磨性

(1) 硬度

抵抗外物压入或刻画的能力。

摩氏硬度(石料、陶瓷等);布氏、洛氏硬度(金属材料)。

(2) 耐磨性

材料表面抵抗磨损的能力(路面材料要求)。

磨损率。

1.2.3 土木工程材料的化学性质与耐久性

化学性质:材料抵抗各种周围环境对其产生化学作用的性能。

耐久性:综合性质。

1.3 土木工程材料的技术标准

国家标准、行业标准、地方标准、企业标准。

授课教案二

一、课题

砂石材料。

二、目的要求

1. 掌握石料的技术性质与工程实践之间的关系。
2. 明确石料的物理性质、力学性质及路用石料技术分级的依据和技术标准。
3. 掌握粗集料、细集料的技术性质、技术标准和实验原理。
4. 掌握矿质混合料的级配类型与组成设计方法。

三、重点、难点

集料的技术性质、技术标准,矿质混合料的组成设计方法。

四、参考资料

苏达根主编《土木工程材料》,高等教育出版社出版;

张爱勤主编《道路建筑材料》,山东大学出版社出版。

五、授课记录

授课日期	2019-02-28	2019-03-05		
班　　次	工管 171-2	工管 171-2		

六、互动题目准备

1. 砂石材料选材关键及注意事项有哪些？
2. 路面所用的砂石材料与建筑工程所用的砂石材料有何不同？
3. 矿质混合料设计结果经调整仍然难以满足工程要求怎么办？
4. 学生提问。

七、教学进程

（一）教学环节

教学环节设计见下表。

线上视频	自主学习
线上直播课	1 次
面授	1 次
实验课	0 次
作业布置	5 题

（二）教学内容

1.1　石料

1.1.1　石料的技术性质

1. 石料的物理性质

(1) 物理常数

① 密度(真实密度)

石料在规定条件[105～110 ℃烘干，温度 20 ℃(冷却)]下，单位实体体积的质量。

实验方法：采用李氏比重瓶法。

② 毛体积密度

规定条件下，石料单位毛体积(矿质实体＋孔隙体积)的质量。

③ 孔隙率

石料的孔隙体积占其总体积的百分率。

(2) 吸水性

① 吸水率

吸水率指在室内常温和常压条件下,石料试件最大的吸水质量占烘干石料试件质量的百分率。

② 饱水率

采用沸煮法或真空抽气法饱和试件,石料试件的最大吸水质量占烘干石料试件质量的百分率 。

(3) 耐候性

① 抗冻性

表征指标:质量损失率(抗冻损失率)、冻融系数。

② 坚固性

测定方法:采用硫酸钠坚固性法。

2. 力学性质

(1) 抗压强度(单轴饱水抗压强度)

(2) 磨耗性

测定方法:可采用洛杉矶试验法。

3. 化学性质

岩石按成因分为三类:岩浆岩、沉积岩和变质岩。

按 SiO_2的含量分为三类:酸性石料、中性石料、碱性石料。

1.1.2 石料的技术标准

(1) 公路工程石料的技术标准

(2) 砌筑石料的技术标准

① 建筑工程砌筑石料的技术标准。

② 桥梁工程砌筑石料的技术标准。

1.1.3 石料制品与应用

1.2 集料

1.2.1 集料的分类

按粒径可将其划分为粗集料和细集料两种。

1.2.2 集料的技术性质

1. 粗集料的技术性质

(1) 物理性质

① 物理常数

a. 粗集料表观密度、表干密度、毛体积密度。

实验方法:网篮法。

实验目的:评定粗集料的工程性质;为水泥混凝土及沥青混合料的组成设计提供必要的技术数据。

b. 堆积密度

实验方法:采用容量筒(体积一定)。

c. 空隙率

② 级配

级配指集料中各组成颗粒的分级和搭配。可以通过筛分实验来确定。级配的 3 个参数:分计筛余百分率、累计筛余百分率、通过百分率。

a. 分计筛余百分率

某号筛上的筛余质量占试样总质量的百分率。

b. 累计筛余百分率

某号筛的分计筛余百分率和大于该号筛的各筛分计筛余百分率的总和。

c. 通过百分率

通过某筛的质量占试样总质量的百分率。

【例题 1】 粗集料级配计算示例。

最大粒径:指集料 100%都要求通过的最小的标准筛筛孔尺寸。

公称最大粒径:指集料可能全部通过或允许有少量筛余(一般允许筛余不超过 10%)的最小标准筛的筛孔尺寸。

③ 针、片状颗粒含量

针、片状颗粒含量指粗集料中细长的针状颗粒和扁平的片状颗粒的含量。

影响:针、片状颗粒是一种有害颗粒,由于它过于细长或扁平,因此,施工中很容易折断,增大集料空隙,影响混合料的技术性质。

④ 坚固性(干湿循环实验)

饱和硫酸钠溶液。

(2) 力学性质

力学指标:主要有压碎值和磨耗率。

① 压碎值

指集料在连续增加的荷载下,抵抗压碎的能力。

② 磨耗率(同石料)

(3) 化学性质

① 粗集料与沥青的黏附性

可采用水煮法、水浸法测定。

② 碱-集料反应

碱-集料反应指水泥、外加剂等，以及混凝土构筑物环境中的碱与集料中碱活性矿物在潮湿环境下缓慢发生，并导致水泥混凝土开裂破坏的膨胀反应。

2. 细集料的技术性质

(1) 物理性质

主要指标有：表观密度、堆积密度和空隙率。

表观密度采用容量瓶法测量。

(2) 级配

筛分实验：将 500 g 试样置于一套标准筛进行筛分，分别称出试样存留在各筛上的质量，并计算其级配有关参数。

细集料标准筛：4.75 mm、2.36 mm、1.18 mm、0.6 mm、0.3 mm、0.15 mm、0.075 mm。

级配的 3 个参数：分计筛余百分率、累计筛余百分率、通过百分率。

(3) 细度模数

细度模数用于评价细集料粗度（即细集料的粗细程度）。细度模数越大，表示细集料越粗。

【例题 2】 细集料筛分实验计算示例。

1.3 矿质混合料

1.3.1 矿质混合料的级配类型

1. 连续级配

由大到小，逐级粒径均有。

2. 间断级配

剔除其中一个（或几个）粒级。

1.3.2 矿质混合料的级配理论

1. 最大密度曲线理论（富勒理论）

观点：矿质混合料的级配曲线愈接近抛物线，则其密度愈大。

2. 最大密度曲线 n 幂公式理论（泰波理论）

观点：最大密度曲线是一种理论的级配曲线，实际上，级配曲线应该有一定的波动范围。

1.3.3 矿质混合料的组成设计方法

1. 数解法

2. 图解法

(1) 基本原理

图解法中，为使要求级配中值呈一直线，采用纵坐标的通过量(P_i)为算术坐标，而横坐标的粒径采用$(d/D)n$表示，则绘出的级配曲线中值为直线。

(2) 计算步骤

① 绘制级配曲线坐标图

绘一方形图框，通常纵坐标(通过率)取 10 cm，横坐标(筛孔尺寸或粒径)取 15 cm，连对角线作为要求级配曲线中值。标出通过百分率及各相应筛孔尺寸的位置。

② 确定各种集料用量

a. 两相邻级配曲线重叠，等分；

b. 两相邻级配曲线相接，连分；

c. 两相邻级配曲线相离，平分。

③ 校核

按图解所得的各种集料用量，校核计算所得合成级配是否符合要求。如不符合要求，即超出级配范围，应调整各集料的用量，再重新计算，并复核配合比，经几次调整，直到符合要求为止。

致　谢

本书的出版得到了山东省高水平应用型立项建设专业群——土木工程专业群、山东交通学院教学改革研究项目“对接‘十强产业、人工智能＋’试点专业——土木工程”(2018ZD01)、“新工科建设背景下地方高校交通土建类专业改革研究与实践”(2018YB13)等项目的资助，在此一并表示感谢！

感谢在3年的课程建设和教学改革实践中给予支持的各位老师，感谢山东交通学院教务处、交通土建学院的各位老师与同仁。感谢团队成员杨洁、赵之仲、郭德栋老师在视频课程建设中的付出；感谢肖海荣教授、王德利老师给予的鼓励和运行推广支持；感谢土建学院李明田教授、朱峰教授对混合式教学工作的指导；感谢教务处所有相关负责老师及为我建课提供支持的研究生同学；感谢长安大学恩师郝培文教授给予的鼓励，感谢美国华盛顿州立大学温海防教授给予的指教。

作　者

2019年3月27日